コンプライアンス時代の
契約実務

効果的なリスクマネジメントのために

露木美幸 著

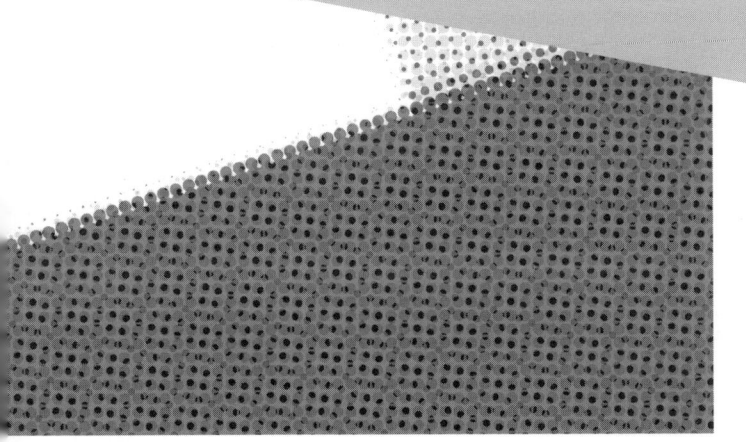

三和書籍

はじめに

　サッカーの試合では、ホームだと有利で、アウェイだと不利だといわれます。スポーツの世界において、自分のエリアで試合をするほうが有利で、他人のエリアで試合をするのは不利であるというのはいまや常識です。では、ビジネスの世界ではどうでしょうか。交渉や契約などは、実はスポーツと同様にホームでは有利で、アウェイでは不利となります。スポーツと同様といいましたが、実は「契約」という法的拘束力が発生する過程となる「交渉」はスポーツ以上にシビアだったりするのです。

　人との争いは費用と時間とエネルギーを使い、勝つ可能性と同じ位に負けるリスクを負うことになる行為です。ですから、後々紛争にならないようにしておかなければなりません。そのためには、交渉段階でリスクマネジメントをしておく必要があります。交渉段階でリスクマネジメントをしておくことは、自分だけが優位になるのではなく、相手方にとっても訴訟リスクなどを回避することにつながります。ですから、交渉の段階で、当事者双方の合意を明らかにしておくことは、当事者双方のＷｉｎ―Ｗｉｎの結果につながるといえるのです。また、交渉段階で、紛争になった場合に備えたリスクマネジメントをしておけば、万一争いになった場合にも、紛争段階であわてることなく当事者双方ともに自己防衛を図ることができます。

　社会的接触の典型例である契約は日常のさまざまなところで行われています。つまり、現代社会で生きていくということは、契約社会を生き抜いていくというふうに置き換えることができます。コンプライアンス時代といわれる現代契約社会において、「自分のホームで優位に交渉を進める」という意味は、どちらかが勝った・どちらかが負けたから仲たがいをするということではありません。相手方と継続的関係を築いていくために、交渉段階から、自分と相手方の双方当事者に事前に、リスクの分配をするリスクマネジメントを先に提案できるのかということを意味します。

本書は、このような社会的接触の典型である契約に焦点をおいて、当事者双方に負担となる紛争リスクが発生しないようにするためには、交渉段階でいかなることに注意を払うべきかを説明することを目的としています。

　第1章ではリスクマネジメント・コンプライアンス・ＣＳＲとして、交渉におけるリスクマネジメントの重要性と、近年の企業に対する社会的要請の実現について説明しています。
　第2章では契約と法律の基礎知識として、契約において出てくる法律用語を平易な言葉で説明しています。
　第3章では契約成立過程のリスクマネジメントとして、有効な契約が成立するまでに、いかなる過程をたどるかについて説明しています。
　第4章では契約交渉過程のリスクマネジメントとして、契約交渉過程で注意すべき条項について説明しています。
　第5章では契約文書作成過程のリスクマネジメントとして、契約書ならびに契約関連文書の役割を説明しています。
　第6章では契約締結過程のリスクマネジメントとして、各種契約における注意点について説明しています。
　法律に関する資格試験を受験する方は2章・3章を、営業取引の現場に携わる方は2章・3章・4章を、契約実務に携わる方は3章・4章・5章・6章を、交渉を優位に進めたいビジネスマンの方は1章・4章・5章を、経営者の方は1章・5章・6章を、法務関連の用語とこれからの社会のゆくえを知りたい方は、1章・2章を中心に読んでいただければよいのではないかと思います。
　本書を有効に活用し、激動するコンプライアンス時代を生き抜く力を身につけていただければ幸甚です。

　　　　　　　　　　　　　　　　　　　　　　2008年7月　　露木　美幸

目次

はじめに …………………………………………………………………………… i

第1章　リスクマネジメント・コンプライアンス・CSR

1－01　リスクマネジメント ……………………………………………… 2
1－02　ステークホルダー ………………………………………………… 4
1－03　コンプライアンス ………………………………………………… 6
1－04　コンプライアンスとリスクマネジメント ……………………… 8
1－05　CSR ………………………………………………………………… 10
1－06　CSRとリスクマネジメント ……………………………………… 12
1－07　社会生活上の義務（Verkehrspflicht）と企業 ………………… 14
1－08　コンプライアンスとCSRの開示 ………………………………… 16
1－09　契約とリスクマネジメント ……………………………………… 18
1－10　例題 ………………………………………………………………… 20

第2章　契約と法律の基礎知識

2－01　規範 ………………………………………………………………… 24
2－02　成文法（制定法）と不文法 ……………………………………… 26
2－03　制定法の分類（1） ……………………………………………… 28
2－04　制定法の分類（2） ……………………………………………… 30
2－05　私法の原理原則 …………………………………………………… 32
2－06　権利・義務と債権・債務 ………………………………………… 34
2－07　物（1） …………………………………………………………… 36
2－08　物（2） …………………………………………………………… 38
2－09　物権と債権 ………………………………………………………… 40

2-10	善意・悪意／故意・過失、民法上の注意義務	42
2-11	意思表示	44
2-12	意思表示の効果（有効・無効／取消・追認）	46
2-13	契約によって発生する債権・債務	48
2-14	典型契約と非典型契約	50
2-15	契約の分類	52
2-16	財貨移転型の契約	56
2-17	賃借型の契約	58
2-18	労務型の契約（1）有償型	60
2-19	労務型の契約（2）無償型	62

第3章　契約成立過程

3-01	契約発生の一連の手続	66
3-02	成立要件	68
3-03	有効要件（1）内容に関する有効要件	70
3-04	有効要件（2）当事者に関する有効要件	72
3-05	制限行為能力	74
3-06	意思の不存在	78
3-07	瑕疵ある意思表示	80
3-08	効力発生要件	82
3-09	代理の要件	84
3-10	無権代理の場合（本人の取り得る手段）	88
3-11	無権代理の場合（相手方の取り得る手段）	90
3-12	表見代理	92
3-13	効果帰属要件	94

第4章　契約交渉過程

| 4-01 | 取引交渉時に取り決めておくべき事項 | 98 |
| 4-02 | 目的物の質に関する事項 | 100 |

4-03	弁済に関する事項	102
4-04	目的物の引渡に関する事項（引渡場所）	104
4-05	目的物の引渡に関する事項（引渡時期）	106
4-06	目的物の引渡に関する事項（引渡方法）	108
4-07	代金の支払に関する事項（支払場所）	110
4-08	代金の支払に関する事項（支払時期）	112
4-09	代金の支払に関する事項（支払方法）	114
4-10	費用負担に関する事項	116
4-11	所有権移転に関する事項	118
4-12	瑕疵担保責任に関する事項（1）	120
4-13	瑕疵担保責任に関する事項（2）	122
4-14	不可抗力に関する事項（危険負担に関する事項）（1）	124
4-15	不可抗力に関する事項（危険負担に関する事項）（2）	126
4-16	債務者の帰責性に関する事項	128
4-17	債権者の帰責性に関する事項	130
4-18	損害賠償に関する事項	132
4-19	解除に関する事項	134
4-20	債権担保に関する事項（1）	136
4-21	債権担保に関する事項（2）	138
4-22	準拠法・管轄裁判所に関する事項	140

第5章　契約書作成過程

5-01	契約交渉から契約締結まで	144
5-02	契約書	146
5-03	契約書の基本構成	148
5-04	契約書のフォーマット	150
5-05	契約関連文書1（秘密保持契約書）	152
5-06	契約関連文書2（覚書・念書）	154
5-07	契約関連文書3（交渉議事録・予備的合意書）	156
5-08	契約関連文書4（見積書・注文書・納品書）	158

5-09　印鑑 160

第6章　各種契約締結過程

6-01　商品を売買する契約の注意点 164
6-02　商品売買契約書 166
6-03　取引基本契約書 170
6-04　労務を利用する契約の注意点 174
6-05　業務委託契約書 176
6-06　工事請負契約書 180
6-07　商品販売に関する契約の注意点 184
6-08　代理店契約書 186
6-09　特約店契約書 190
6-10　商品販売委託契約書 194
6-11　知的財産に関する契約の注意点 198
6-12　ソフトウェア開発委託契約書 200
6-13　ライセンス契約書 208
6-14　情報漏洩防止に関する契約の注意点 214
6-15　秘密保持契約書 216

第 ① 章

リスクマネジメント・コンプライアンス・CSR

1-01 リスクマネジメント

1 リスクマネジメント

> **Point**
> リスクマネジメントは
> リスク＝不確実性
> ハーム＝危害の発生原因
> ハザード＝危害
> このうち不確実性を防止する作業です。

リスクマネジメントという言葉は最近よく聞く言葉だと思います。リスクとは、ある事象が発生する不確実性をいいます。リスクマネジメントとは、このようなリスクがハザード（危害の発生原因）になり、ハーム（危害）となる前に回避したり、または回避できなくてもできるだけ減少させるプロセスをいいます。

たとえば、ある目標を実現させるために、なんらかの不確実性ある事象が起きる可能性があるかどうかを考え、もしあるのであれば、いかにすれば、その不確実性ある事象がおきる可能性をなくすことができるか、もしくは発生が不可避であればいかにその可能性を低くすることができるかを考えるプロセスがリスクマネジメントです。

2 PDCAサイクル

> **Point**
> PDCAサイクルとは行動の結果をよりよいものにしていくためのシステムです。

PDCAとは、P（＝PLAN；計画）、D（＝DO；実行）、C（＝CHECK；点検）、A（＝ACT；処置）の略です。PDCAの4段階を順次行って1周したら、最後のACTを次のPDCAサイクルにつなげていきます。そうすると、P→D→C→A→P→D→C→A→P→D→C→A・・・と順次繰り返すようになります。このサイクルは、螺旋を描くように一周ごとにサイクルを向上（スパイラルアップ、spiral up）させ

て、継続的な業務改善をしていくことがポイントです。

　このＰＤＣＡをリスクマネジメントに当てはめると、①ＰＬＡＮ＝リスクマネジメントに関する計画の策定、②ＤＯ＝リスクマネジメント計画の実行、③ＣＨＥＣＫ＝リスクマネジメント計画の検証、④ＡＣＴ＝リスクマネジメント計画の修正となります。

3　ＰＤＣＡサイクルを使ったリスクマネジメント

①ＰＬＡＮ＝リスクマネジメントに関する計画の策定
　実現したい目標にかかわるリスクの洗い出しにより、リスクの発見、特定、算定、評価を行う。そして、いかにしたらそのリスクを回避できるか、最も適切なリスク対策を選択して計画を立てる。

②ＤＯ＝リスクマネジメント計画の実行
　①の計画を実施する

③ＣＨＥＣＫ＝リスクマネジメント計画の検証
　②が①にしたがって実行されたか。①の実現にとって有効だったかを検証する

④ＡＣＴ＝リスクマネジメント計画の修正
　目標実現にとって、①で立てた計画が誤っていたのであれば計画を修正する

　目標実現にとって、①で立てた計画は誤っていなかったが、②の実行が誤っていたのであれば、計画通りに実行できるように対策を立てる

　このＰＤＣＡサイクルをつかったリスクマネジメントは、法務以外にも、人事や労務、総務など企業のあらゆる場面で適用できる手法です。

> **Point**
> リスクマネジメントはＰＤＣＡサイクルを使って実現します。

> **Point**
> 企業においては不確実性は最もあってはならないものです。ＰＤＣＡサイクルで不確実性を防止していきましょう。

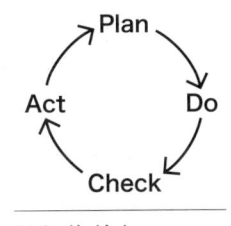

ＰＤＣＡサイクル

1-02 ステークホルダー

① 拡大する企業のステークホルダー

> **Point**
> 現代における「ステークホルダー」はなんらかの接触がある人と考えるとよいです。

　ステークホルダーとは一般に「利害関係者」と翻訳されます。利害関係とは損得が影響しあう関係のことを指します。

　企業には、たくさんの利害関係者が存在します。たとえば、ある企業に出資してくれている株主、ある企業に投資してくれている投資家、ある企業に物を納品してくれる取引先、ある企業の物を購入してくれる消費者、ある企業に労務を提供してくれる従業員、ある企業と同種の営業をしているライバル会社、ある企業を管轄する管轄諸官庁など、企業はさまざまの利害関係者が存在しています。

　従来は、企業のステークホルダーは、直接的に利害が関わる人の範囲のみで考えられていました。しかし、社会の持続可能性と社会と企業活動との強い関連、CSR経営に社会的関心が高まる中、企業が責任を負うべきステークホルダーの範囲は徐々に拡大しています。

　たとえば、企業の事業活動が、雇用の安定、社会の秩序、倫理等に与える影響を考えると、ステークホルダーは「地域住民」「産業界」に広がることになります。また、企業の事業活動が生活環境、自然環境に与えるリスクを考えると、ステークホルダーには「原料採取・製造・流通・販売・廃棄を行う全ての地域に関わる人々」が含まれることになります。そして、企業の事業活動が地球環境に対して与える影響を考えると、ステークホルダーは「地球」「全人類」「次世代」などにまで及ぶ

ことになります。

　このような観点に立つと、現代の企業法務における企業のステークホルダーとは、「企業となんらかのかかわりを持っているおよそ全てのもの」と考えるほうが適切です。

❷ 拡大する企業の法務リスク

　ステークホルダーが多ければ多いほど、企業の関わる法の範囲は拡大していきます。たとえば、株主や投資家との関係で言えば会社法や金融商品取引法。さらに、Ｍ＆Ａが関わるのであればそれらに独占禁止法なども関わってくることになります。取引先との関係で言えば、民法や商法など。さらに取引先が倒産するおそれがあるのであれば破産法や民事再生法や会社更生法なども関わってくることになるでしょう。従業員との関係で言えば、労働諸法令や労働者派遣事業法、消費者との関係で言えば消費者保護諸法令、ライバル会社との関係で言えば独占禁止法や不正競争防止法、環境に対しては環境関連諸法令、企業が存在する地域における条例などさまざまな法が関わってくることになります。このように、関わる法が増えれば増えるほど、企業の抱える法務リスクも拡大することになります。

> **Point**
> 現代社会は企業のステークホルダーが拡大する時代です。拡大すればするほど関係する法律は増えていきます。

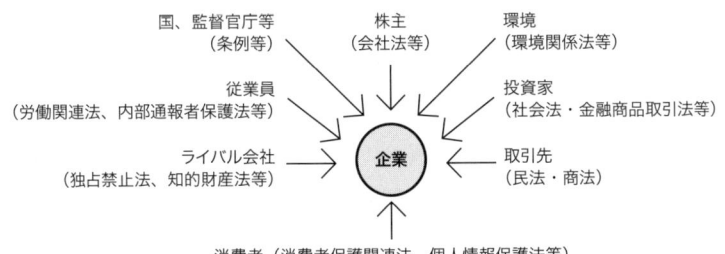

企業を取り巻くさまざまな利害関係者（ステークホルダー）と関連諸法令

1-03 コンプライアンス

① コンプライアンス経営

　企業不祥事がさまざま発生する中、コンプライアンスの議論が盛んになり、どの企業もコンプライアンス経営が叫ばれて久しくなります。
　法令や倫理などを遵守するということは、法令や倫理に違反しないようにするということを意味します。つまりは、法令等に違反しない管理体制を構築し、それにしたがって行動していくことに他なりません。そして、このようなルールを守るためのルールであるガイドラインも多数出てくるようになりました。

② 法令遵守から法令等遵守へ

> **Point**
> コンプライアンスの変容
> 法令遵守
> ↓
> 法令等遵守
> ↓
> 社会的要請の実現

　コンプライアンスとはもともと法令遵守という翻訳でした。しかし、現在は法令のみならず、業界ルールやガイドラインに合致しているか、フェアプレイであるか（公平・誠実・公正であるか）などの観点も考慮され、「法令」を遵守するだけではなく、「法令等」を遵守していなければならないものであるというように理解されています。したがって、現在はコンプライアンスは、法令等遵守というように一般に翻訳されています。このようにコンプライアンスの範囲は法令のみならず法令等という形で、次第に拡大してきています。

③ 法令等遵守から社会的要請の実現へ

今、社会はコンプライアンス不況だといわれています。企業はコンプライアンスのために自由な企業活動に制約を受けていると感じているというのです。ルールやルールを守るためのルールに従うことばかりが社会では騒がれていますが、われわれの社会で要請されているのは単に「ルールを守ること」なのでしょうか。

法令等が立法される理由をよく考えてみましょう。法令等が立法されるということはその法令等が必要だから、立法する理由があるから作られるのです。この法令等を立法する理由を、「立法理由」や「立法趣旨」とよびます。つまり、全ての法令には、かならずその背後に「立法趣旨」があります。そして、立法趣旨の中心をなすのは、社会環境の要請する要求そのものなのです。

このような観点に立つと、現在においてはコンプライアンスは社会的要請の実現と理解するほうが適切です。(注)

たとえば、個人情報保護法という法律が2005年にできましたが、それまで企業は、自社の持つ情報を自分の所有物と考えてきたので、個人情報には配慮しませんでした。しかし、個人が自己の情報に関して権利意識が芽生えるようになり、企業に自己の情報への配慮を要求するようになりました。そして、できあがったのは個人情報保護法です。

近年、立て続けに立法される企業関連法の立法趣旨、すなわち企業に対する社会からの要請というのはいったい何でしょうか。思うに、企業が社会生活上の義務を果たしているかに関する情報の開示なのではないでしょうか。企業が社会生活上の義務を果たしていれば、企業にかかわる人は安心をし、果たしていなければ不安になる。だから、「義務を果たしているか開示してくれ」ということなのです。

> **Point**
> 現代における「コンプライアンス」は社会的要請の実現と理解しましょう。

(注) 詳細は、郷原信郎教授の下記書籍を参照。
『コンプライアンス革命』P. 34（文芸社 2005）
『企業法とコンプライアンス』P. 17（東洋経済 2006）
『法令遵守が日本を滅ぼす』P. 100（新潮社 2007）

1-04 コンプライアンスとリスクマネジメント

① 法令等の役割・・・社会的要請実現の基準

> **Point**
> コンプライアンス経営実現のためには社会的要請が表れている法令等のチェックが必要です。

コンプライアンスを社会的要請の実現と考えた場合、企業は社会からの要請に応えなければなりません。法令等は社会からの要請を趣旨として立法されているのですから、最低限この法令等を事前にチェックする必要があります。

たとえば、契約という観点から見ると、土地の売買契約においては、民法上は売主に瑕疵担保責任というものが課されています。つまり、売主が買主に引き渡した物に対して、売主はその瑕疵について担保をしなければならないというものです。しかし、具体的に何が瑕疵にあたるのかは、民法という法律に具体的に書いてあるわけではありません。引き渡すものが不動産であるならば、民法以外の不動産関連法規、不動産業界のルール、都道府県条例、ガイドラインなどに合致しているかにつき検討する必要があります。そして、その上でもしあなたが売主であれば売主にとって不利な条項になってないか、買主であれば買主にとって不利な条項になっていないかを検討していく必要があります。そして、もし売主が瑕疵担保責任を排除したいのであれば、事前に当事者と話し合った上での合意で排除しなければ、法律にしたがって判断されることとなります。

契約取引だけではなく不法行為も含めれば、企業にかかわるハプニングはたくさんあります。しかし、契約取引はあらかじめ交渉をして、契約が成立してから契約上の権利や契約上の義務が発生するので、契約成立前にいくらでもリスク回避する

チャンスはあるのです。このためにも、契約取引の場合には契約にかかわる法令等を調査しておくことがとても重要なこととなります。

❷ コンプライアンス経営とリスクマネジメント

社会からの要請とは時代に応じて常に変化するものです。もちろん、社会からの要請が「法令等」となって顕在化しているのは間違いないのですが、法の陳腐化は立法した瞬間から始まっているのです。

そうだとすると、企業が社会的要請を実現するためには、もちろん現在ある法令等を調べることが必要です。しかし、それだけではなく、自社企業に対する社会的要請が何であるのかを察知するために、企業にかかわる人たちの要求に法令等に具現される前から耳をかたむけることが重要なのです。

コンプライアンスという言葉で表現される社会的要請の実現においては、企業の不測の損害（不確実性）を避けるシステムを採用することによって、コンプライアンス違反を回避することができます。つまり、企業の不測の損害（不確実性）を避けるために、自身の取引にかかわる法令や業界ルールや倫理または企業にかかわる人たちの要求などをあらかじめ調査しておくことによって、発生しうる損害や利益を予測することができます。すなわち、リスクマネジメントのシステムこそが、コンプライアンス体制の前提となるのです。

つまり、現代において、コンプライアンス経営を実現するには、リスクマネジメントが欠かせないものとなっているのです。

> **Point**
> 法令等のチェックの際にはリスクマネジメントの方法を採用しましょう。

1-05　CSR

① CSRとコンプライアンス

> **Point**
> CSRとは企業が社会生活上の義務を実現することです。

　CSR（Corporate Social Responsibility）とは一般に「企業の社会的責任」と訳されます。このCSRは法務の世界だけの話ではありません。人事・労務、製品、マーケティング、顧客、財務、など企業がかかわるすべての分野において要求されているものです。たしかに、この点はコンプライアンスと同じです。では、CSRはコンプライアンスとは何が違うのでしょうか。

　コンプライアンスは法令や業界ルールや倫理など守らなければ一定のペナルティが課されるものですが、CSRはなにかのルールがあってそれを遵守しなければならないというものではないので、具体的な制裁はありません。

　CSRは、企業を取り巻くさまざまなステークホルダーに対して配慮をするということです。もし、目先の利益にだけ目を向けて、拡大するステークホルダーへの配慮を欠いた場合、企業価値は決して高くなりません。これが結局のところCSRを実現できない場合の目に見えない制裁となるのです。

② CSRとPR活動・CI活動

　顧客や消費者に、その企業に対しての信頼や安心感などプラスのイメージを与えることを企図したPR活動（パブリックリレーションズ）やCI活動（コーポレートアイデンティティ）

もＣＳＲと誤解しがちなもののうちのひとつです。しかし、PR活動やCI活動は企業の営業活動の一環としてビジネスとして行われるものです。これに対して、ＣＳＲはビジネスの基底に存在する活動です。すなわち、企業が存続するために社会とともに築いていく活動がＣＳＲなのです。

③　ＣＳＲと企業倫理

企業倫理もＣＳＲと誤解しがちなもののうちのひとつです。企業倫理とは、企業のビジネス活動と企業のビジネスの基底に存在する活動を含めた企業のすべての活動を行う際の規範を指します。これに対して、ＣＳＲは企業の根底にある自発的活動を指すのです。

たとえば、木を例に考えてみましょう。木には幹と枝葉と根があります。根は目に見えません。企業を支えるこの根がＣＳＲです。幹と枝葉が営業活動です。枝葉をきれいに見せるために剪定していくのがPR活動やCI活動です。そして、幹、枝葉、根を全て含めたものが企業倫理なのです。

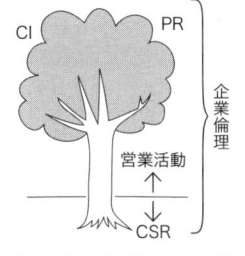

CSRとPR活動・CI活動

④　ＳＲＩ

ＣＳＲ活動への評価は、企業の社会的責任の実現として、多くの人々によって検討されるため、売り上げや株価の上昇にも反映されます。反対に、社会的責任を果たしていないと判断された企業では、売り上げや株価が落ちることもあります。

また、社会的責任投資（ＳＲＩ：Socially Responsible Investment）とはＣＳＲ (Corporate Social Responsibility) の状況を考慮して行う投資を指します。

したがって、現代社会においては、ＣＳＲの実現が、企業全体の評価につながることとなります。

CSRとリスクマネジメント

1 CSR経営とリスクマネジメント

> **Point**
> CSR経営のための基準のチェックはリスクマネジメントの手法を使いましょう。

　現代社会においては、CSRの実現が企業全体の評価につながることとなります。ではいかにしてCSR経営をしていけばよいのでしょうか

　CSRを実現した経営を実践していくには、ステークホルダーに対してより大きな利益をあたえる前の大前提として、ステークホルダーに損害を与えないことが必要となります。つまり、ステークホルダーと企業の間で発生する不測の損害をいかに回避するかということが実現できてはじめてプラスの利益も与えることができるようになるのです。

　ですから、ＣＳＲ経営実現の過程でも、やはりリスクマネジメントの考えは重要なものとなります。

2 ＣＳＲ経営のメルクマール－2009年にＳＲ規格が登場

　従来は、このＣＳＲについての明確な基準は存在していませんでした。このため、コンプライアンス体制を整えられるようになった企業は、ＣＳＲを実現するために、環境基準であるＩＳＯの環境規格であるISO14000という環境マネジメントを頼りにしていくしかありませんでした。よって、従来のＣＳＲ経営の中心は環境対策中心でした。このため、ＣＳＲ経営＝環境経営と考えている方も少なくなかったように思われます。しかし、本来のＣＳＲが要求するものは、環境だけではなく、人

事・労務、製品、マーケティング、顧客、財務など企業がかかわるすべての利害関係者（ステークホルダー）への対応が要求されるものでした。

このような社会状況の中、ISO（国際標準化機構）において、2001年よりＣＳＲの規格化が検討されるようになりました。そして、社会的責任規格であるISO26000が2009年に発行されることとなりました。

ISO26000とは、企業に限らず組織の「社会的責任」（SR）に関する国際ガイダンス規格です。これは、企業に限らず、すべての種類の組織に適用されることに注意をする必要があります。つまり、ISO26000は、企業だけではなく、組織の社会的責任の実現に適用できる指針なのです。

ISO26000による社会的責任（ＳＲ）のアウトラインとしては、社会的責任の原則として、説明責任の原則、透明性の原則、倫理的行動の原則、ステークホルダー利害の尊重と考慮の原則、法令遵守の原則、基本的人権の尊重の原則、国際規範の尊重の原則が諸原則として掲げられる予定です。今後、企業の格付けは、このＳＲ規格の実現にしたがってなされていくことになるでしょう。

2009年度に新たに提案されるＳＲ規格の詳細やシステム構築の具体的手順は別稿に譲るとして、現代社会においてはまさにこの「社会的責任の実現」こそが、今後の企業が実現すべきステージとなるのは言うまでもありません。

> **Point**
> ＣＳＲの実現は企業の価値を高める源泉となります。

> **Point**
> ＳＲ規格により表されたアウトラインを基準にリスクマネジメントをしましょう。

ビジネス戦略 × コンプライアンス（法令等遵守）× ＣＳＲ（社会的責任）＝企業価値

ビジネス戦略	コンプライアンス	ＣＳＲ	企業価値
人事 労務 財務 法務 営業 製造 マーケティング 顧客 環境 etc	内部通報者保護法 労働法 金融商品取引法 会社法 独占禁止法 民法 不正競争防止法 消費者保護法 環境法 etc	社会生活上の義務を果たす	グローバル人事 ワークライフバランス フェアトレード 情報開示 ユニバーサルデザイン エコ製品 ソーシャルマーケティング 顧客満足 持続可能性 etc

1-07 社会生活上の義務（Verkehrspflicht）と企業

1　企業関連法の立法とコンプライアンス不況

　現代の企業におけるステークホルダーの拡大や企業にまつわる立法は、一見すると企業に対してさまざまな法的制約を新たに課してきているようになっているように思われます。さまざまな立法のおかげで、企業は自由な活動を制約されてしまい「コンプラ不況」とも言われます。しかし、本当に新たな制約が増えているのでしょうか。

2　社会生活上の義務の可能性

> **Point**
> 社会生活上の義務の実現
> ＝
> 社会的責任の実現

　社会生活上の義務とは、「危険を創出する者はそれによって第三者に生じうる危険を防止するために必要な措置を取らなければならない」とするドイツの帝国裁判所時代から判例法として発展してきた責任法理です。そして、長い年月を経るごとに、次第にその範囲は拡大していきます。連邦裁判所の時代になると、「公に社会的接触をする者は、第三者に対して適切な配慮をしなければならない」というところまで拡大していくのです。これは、現代の地球全体における、環境問題や企業の社会的責任を考える上で大きな示唆を与えてくれます。ドイツはもちろん、ＥＵや諸外国における消費者安全法制も、その背後にある立法趣旨は、この社会生活上の義務と同じ思想といえます。
　ですから、企業のように、ステークホルダーとなんらかの接

触があるような組織は、ステークホルダーに対して適切な配慮をしなければならないのは当然のことなのです。そして、実際にその配慮をしていることを開示しなければ社会に安心を与えられないのです。

③ 社会生活上の義務と企業

　みなさんは日常生活を営むにあたって、自分に関わる他人に迷惑をかけてはいけないと考えますよね。たとえば、雨の日にぬれた傘をできるだけ他人にあてないようにと注意しますし、音楽を聞く際も隣の住人に迷惑をかけないような音量で聴こうと考えます。傘がぶつかる人は契約の相手方でもなく単に生活上接触しているだけの人です。隣に住んでいる人は契約の相手方でもなく単に生活上接触しているだけの人です。これと同じで、企業も企業経営をするにあたって、いわゆる損得関係のある利害関係者だけでなく、企業に関わる全ての人に迷惑をかけてはならないのです。

　難しい言葉で言うと、「およそすべての行為主体は、本来的には相手方となんらかの接触をするにつき、相手方の権利に配慮する一定の義務である社会生活上の義務を負っている」と言われます。ですから、近年の企業に関わるさまざまな立法は、実は本来的に保有しているはずだった企業の義務を、膨大な数の諸法令で具体的に確認しているにすぎないともいえます。

　先に述べたように、企業のような行為主体が存在し続けるためには、その相手方当事者となんらかの接触をせざるをえません。そして、企業の接触の最たるものが相手方となす契約です。ですから、企業が契約の際に法令等を遵守し、リスクマネジメントにより不確実性の発生をできるだけ防ごうとすることは、その企業にとっての利益のみならず、相手方にとっての利益ともなりえるのです。

> **Point**
> リスクマネジメントによりwin-winの関係を築きましょう。

1-08 コンプライアンスとCSRの開示

① 企業に対する社会的要請の実現と企業の社会的責任の実現

Point
ステークホルダーの要求は企業が義務を守っているかの情報を開示することです。

　現代社会における社会的要請とはいったいなんでしょうか。それはまさに「情報開示」です。リスクマネジメントの手法を駆使してコンプライアンスや、CSRという形で、企業が社会生活上の義務を実現していることを開示することこそが、現代社会における企業としてのあり方なのです。

　現代の社会は激動の時代といわれます。いままであたりまえだったやり方、考え方が根本から覆っている時代なのです。従来に類を見ないほどの情報にあふれかえり、個人の権利意識が高まった時代なのです。そして、権利意識を持った個人は、自己の権利が侵害されていないか、自己の安全が侵害されていないかの情報を常に要求するようになりました。ですから、この時代において、企業が今もっともしなければならないことは、自らがかかわる人々の権利を尊重しているという社会生活上の義務の実現です。そして、リスクマネジメントの手法を使ったコンプライアンスとCSRの実現を開示することこそが、企業に何らかのかかわりをもつ者（ステークホルダー）の要求なのです。つまり、社会からの要求が、企業が社会生活上の義務を守っていることの情報開示であることにいち早く気づいた企業が生き残っていく時代なのです。

> **Point**
> これからの時代、企業が生き残るには「情報の開示」がキーワードです。

❷ 情報開示の重要性

　多くの企業がこの「情報開示」を非常に負担と考えています。しかし、これはむしろビジネスチャンスなのではないでしょうか。なぜなら、社会からの要請を実現できない企業は権利意識の芽生えた国民のジャッジにより淘汰されていってしまう時代だからです。つまりは、企業はコンプライアンスの実現、CSRの実現について、社会に適正な情報を開示することによって、生き残っていくことができるのです。

コンプライアンス（法令遵守）
↓

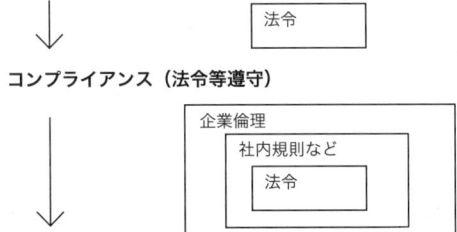

コンプライアンス（法令等遵守）
↓

コンプライアンス（社会的要請の実現）

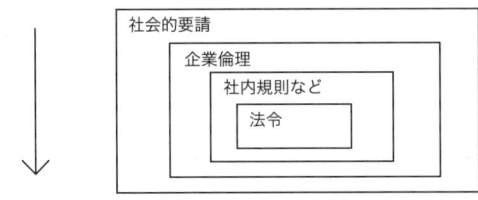
↓

ＣＳＲ

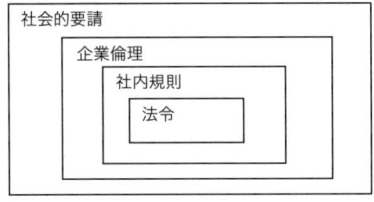

これからの企業に要求される姿

1-09 契約とリスクマネジメント

Point
契約におけるリスクマネジメントは相対立する当事者の利害調整です。

　本題に戻って、契約を交渉し締結する段階に絞って、契約に関わるリスクをマネジメントしていきましょう。
　契約においては、相対立する当事者の利害をいかに調整するかが交渉のポイントとなります。そのためには、自分の求める、相手の求めるものを洗い出していくことからはじめます。

① PLAN

　PLANでは、ある契約において、最も実現しなくてはならないものはなにか、ある契約において考えられうるリスクはなにか、ある契約において互譲できるものはなにかの洗い出しを行います。
　まず、ある契約にかかる法令やガイドラインを調査する必要があります。たとえば、強行法規に反している合意内容は無効とされてしまいます。独占禁止法などの一定の法律においては、当事者が合意していても法に反している合意内容は処罰の原因とされますから注意が必要となります。また、合意を取り付けなかった部分は、法律の規定を適用することになるので、自分の契約に関して適用される法令内容がいかなる法令内容かを心得ておく必要があります。このような関係諸法令の調査がPLANです。

② DO

　DOでは、リスクを回避できるように、また不可避であって

も最低限で抑えられるように、相手方と交渉を詰めていきます。

相手側当事者との交渉においては、さまざまの手法を用いて話し合いを進めていきます。

たとえば、本命の要求を通すために、まず過大な要求を提示し、相手に断られたら本命の要求を出す方法（ドア・イン・ザ・フェイステクニック）や、逆に本命の要求を通すために、まず簡単な要求からスタートし段階的に要求レベルを上げていく方法（フット・イン・ザ・ドアテクニック）、また相手のものの見方を特定の方向に枠付けするために、条件提示をする（アンカリング戦略）などがあります。実際の交渉でこのような話し合いをするためには、最初に自らがなにを本命として実現したいのか、どこまでなら自らがなにを実現したいのか、それにかかる法律上の規定はどうなっているのか、法律の規定のままでは自分にとって不利となる場合に、いかに交渉によってそれを有利にもちあげていくかがポイントとなります。つまりは、自らの契約に関わる法律を知っていなければ、契約交渉の際の条件提示ができないので、最低限の法律は心得ておく必要があるのです。

> **Point**
> 交渉テクニックにはさまざまな手法があります。ゲーム理論などもその一つです。

> **Point**
> 交渉は相手を負かすことではなく双方にwin-winの関係を築くためのリスク回避ととらえましょう。

③ CHECK

CHECKでは、ある契約にかかる交渉を行った際に、計画通り運んだかそれとも運ばなかったかの検証をしていきます。そして次の交渉に備えるためのACTにつなげます。

④ ACT

ACTでは、もし、計画通り運ばなかったのであれば、なぜ運ばなかったのかを検証した結果修正が必要であれば、計画と戦略を修正して次回の交渉に備えます。

1-10 例題

> **Point**
> リスクマネジメントのゲームを何題か考えて法務リスクの発見の練習をしましょう。

　AがBと、売主をA、買主をBとする中古の机の売買契約を締結する場合を考えてみましょう。Aにとっては買主Bに中古の机を引き渡さなければならない債務が生じるとともに、Bに対して机の代金を請求できる債権が生じます。Bにとっては売主Aに代金を支払わなければならない債務が生じるとともに、Aに対して机の引渡しを要求できる債権が生じます。この契約において、Aの求めるものは机の代金です。Bの求めるものは中古の机です。

　では、この契約において、どんなリスクが発生するか考えてみましょう。

❶ A（売主）にとっての契約リスク

　「引渡目的物である中古の机につき売主に瑕疵担保責任が発生しないほうがよい」のが売主の思惑です。

　民法上、瑕疵担保責任は、買主が隠れた瑕疵に気づいた時から1年となっています。しかし、瑕疵担保責任は強行法規ではないので当事者の合意で変更することができます。

売主の考え
⇒・瑕疵担保責任自体がまったくないほうがよい
　・瑕疵担保責任自体があったとしても、その期間はできるだけ短いほうがよい
　・瑕疵担保責任自体があったとしても、その期間の始点は買主が瑕疵に気づいた時からではなく、売主が買主に引き渡

したときを始点とするほうが、売主は発生するかもしれないリスクの計算をしやすい

❷ B（買主）に取っての契約リスク

「引渡目的物である中古の机につき売主に瑕疵担保責任が発生するほうがよい」のが買主の思惑です。

民法上、瑕疵担保責任は、買主が隠れた瑕疵に気づいた時から1年となっています。しかし、瑕疵担保責任は強行法規ではないので当事者の合意で変更することができます。

買主の考え
⇒・瑕疵担保責任の時期はできるだけ長いほうがよい
　・瑕疵担保責任は買主の善意無過失が要求されているが、責任追及の際に善意無過失がないほうが望ましい。

❸ リスクマネジメントの重要性

もちろん考えられうる契約リスクはこれだけではありません。代金に関するリスク、危険負担に関するリスク、損害賠償に関するリスクなどさまざまなリスクがあります。

このように、契約時に考えるリスクとしてはどんなものがあるか、合意で調整できない場合にはどのような法律の規定になっているか心得ておかなければ、自らにとって、そして相手にとって理想の契約を実現することはむずかしいものとなっています。

次章以降で、契約と法律の基礎知識、契約成立過程のリスクマネジメント、契約交渉過程のリスクマネジメント、契約書作成過程のリスクマネジメント、各種契約締結過程のリスクマネジメントを見ていきますので、各段階でどのようなリスクを心得ておくべきか、そしてそのリスクをどのようにコントロールするべきかを考えましょう。

第 2 章

契約と法律の基礎知識

2-01 規範

1 規範

規範とは「〜であるべきである」というように表現される命題です。「〜であるべき」ということは、その規範に従わなければならない（must）ことを意味します。

2 社会規範とは何か

社会規範は社会全体の利益という目的に合致しているものです。ですから、人は社会規範に違反した場合に、なんらかの制裁が課されることになります。社会規範は、人がそれに違反した場合にその制裁として国家の強制力が伴うものと、国家の強制力が伴わないものにわかれます。制裁として国家の強制力が伴うものを法と呼びます。これに対して、習俗や道徳に対する違反の制裁の場合には、国家の強制力は伴いません。

一般に「法に違反する」という表現をする場合には、国家権力による強制のあるものに違反するということですから、違反者にはなんらかの制裁が下されるということになります。

法令遵守という場合には、この「法」を遵守しているということを指します。つまり、文章の形に表されている法律たる制定法や文章の形には表されていない法律たる不文法を遵守しているという意味です。

これに対して、法令等遵守という場合には、「法」だけではなく「道徳」や「習俗」などの倫理をも遵守しているというこ

> **Point**
> 法に違反する場合には企業に制裁が下される結果となります。かかわっている案件が法に抵触していないか注意するようにしましょう。

> **Point**
> コンプライアンスとは社会的要請の実現です。道徳習俗などのいわゆる倫理違反の場合、確かに国家制裁は下されませんが社会からの制裁が下されること（＝信用失墜）があります。

とを意味します。

コンプライアンスという言葉は、現代社会においては法令等に表れている社会の要請に応えることを意味します。すなわち、国家権力による強制がある社会規範である「法」に違反しないことだけではなく、国家からの強制のない社会規範である「道徳」や「習俗」などにも違反しないことによって、社会生活上の義務を守っていることが要求されているのです。

社会規範の分類

権力による強制あり	法	成文法(制定法)	法律　：国会の議決で制定される 命令　：行政機関で制定される 政令　：内閣で制定される命令 内閣府令：内閣総理大臣が発する命令 省令　：各省大臣が発する命令 告示　：内閣総理大臣・各省大臣が一般に発する 通達　：各省大臣・各庁長官が所轄機関に発する 条例　：地方公共団体が制定 規則　：地方公共団体，議院，最高裁判所などが制定
		不文法	判例法 　判例に法としての効力が認められる場合の最高裁判所の判決 慣習法 　ある社会において，社会の成員の間にある一定の慣行が一種の拘束力を有するものと承認される場合の規範で，法的拘束力があるものとして意識されるもの
権力による強制なし		習俗	ある社会において，社会の成員の間にある人間の内面性を規律の対象とする一定の慣行が一種の拘束力を有するものと承認される場合の規範で，法的拘束力があるものとして意識されていないもの
		道徳	ある社会において，社会の成員の間にある人間の外面性を規律の対象とする一定の慣行が一種の拘束力を有するものと承認される場合の規範で，法的拘束力があるものとして意識されていないもの

③ 社会規範とリスクマネジメント

現代社会におけるコンプライアンスのためのリスクマネジメントでは、法および習俗、道徳などに反していないかを検討することが重要です。

2-02 成文法(制定法)と不文法

1　成文法は法源となる

Point
成文法主義とはいっても判例が適用される場合があります。契約に適用される判例があるかはチェックしておきましょう。

　国家からの強制力がある社会規範である法は、2つに分類することができます。成文法（制定法）と不文法です。成文法（制定法）とは立法作用によって成文化され、権限を有する機関によって制定された文字で書き表され文書の形式を備えている法のことを言います。これに対し、不文法とは、成文法以外の一切の法のことを指します。

　日本では、成文法主義（＝立法作用によって成文化され制定された文字で書き表され文書の形式を備えているものを裁判のよりどころとなる法とする主義）を採用しています。ですから成文法（制定法）に法源（＝裁判官の依拠するべき法的判断基準の源泉）としての性質があります。つまり、裁判などの争いが発生した場合には、裁判官は成文法を頼りに判断をしていくことになります。

2　不文法

Point
契約を締結するときは契約にかかわる成文法を必ずチェックしましょう。

　では、不文法には法源としての性質はあるのでしょうか。これに関しては、日本において、慣習法・判例法には法源性があるとされています。法源性があるとはいっても、あくまでも日本は成文法主義ですので、法的判断の際にはまずは成文法を適用し、そこで解決できない場合には不文法を適用するという順番が取られます。

慣習法とは、ある社会において社会の成員の間にある一定の慣行が一種の拘束力を有するものと考えられる場合の規範で法的拘束力があるものとして社会の成員の中で認識されているものを指します。

　裁判をした場合に裁判所が下した判断のうち、一定の法律に関する解釈であり、他の事件への適用の可能性があるものを判例と呼びます。つまり、判例とは法としての効力が認められる場合の裁判所の判決を言います。

3　法とリスクマネジメント

　リスクマネジメントの観点としては、ある契約を締結する際には、その契約にかかわる成文法があるのかどうかをまずチェックする必要があります。そして、成文法だけではなく不文法もあるのかどうかをチェックする必要があります。

成文法と不文法

成文法	法　律		国会が法律として作ったもの
	命　令	政令	内閣が制定する命令
		省令	各省が制定する命令
	条　例		都道府県・市町村が定めるもの
	規　則		国会や最高裁判所が定めるもの
不文法	判例法		裁判所の判決
	慣習法		慣習に基づいて成立する法

2-03 制定法の分類（1）

1　前法と後法

Point
制定法は常に変化するので現在自分がかかわっている案件に関する法律に前法があるのかを常に注意しましょう。

　成文法は一度作られたらもう改正が加えられないものではなく、実社会の実情にあわせて絶えず改正がされるものです。では、改正した際に前に作った制定法と、後に作った制定法に矛盾がある場合はどうするのでしょうか。この場合は、通常は、後に作られた制定法の中に前法を優先するのか後法を優先するのかについて規定があります。しかし、それに関する規定が特に設けられていない場合には「後法は前法に優先する」のが原則です。ですから、新法のチェックに注意を払うことがリスクマネジメントの第一歩となります。

| 前　法 |── 前に作られた法律 |
| 後　法 |── 後に作られた法律 |

前法と後法

2　一般法と特別法

Point
一般法と特別法の双方にかかわる案件の場合には、特別法が適用されることになりますので間違えないようにしましょう。

　つぎに、一般法と特別法という観点から法律を考えてみましょう。一般法とは、2つの法律を比較したときに法の適用対象範囲がより広い法律で、特別法とは、2つの法律を比較したときに法の適用対象範囲がより狭い法律です。そして、一般法と特別法とで異なった規律を定めている場合、一般法の規律が

排除され、特別法の規律が適用されます。

　たとえば、民法と商法を比較した場合には民法が一般法であり、商法が特別法となります。商法と会社法を比較した場合、商法が一般法であり会社法が特別法となります。一般法と特別法の区別は相対的であって絶対的なものではありません。ですから、リスクマネジメントの観点からは契約をする際に、自分の契約が一般法と特別法にかかわる場合には注意を払う必要があります。たとえば代理の場合、民法では顕名が必要ですが、商行為の代理の場合は顕名は不要となります。

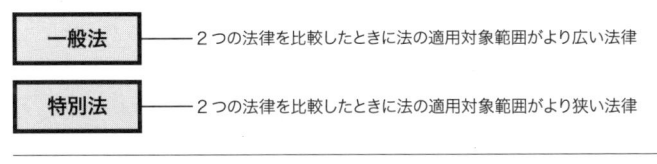

| 一般法 | ２つの法律を比較したときに法の適用対象範囲がより広い法律 |
| 特別法 | ２つの法律を比較したときに法の適用対象範囲がより狭い法律 |

一般法と特別法

３　実体法と手続法

　さらに、実体法と手続法という観点から法律を考えてみましょう。実体法とは裁判における判断基準を付与する法で、手続法は裁判の手続規制を定める法です。たとえば、「……ならば〜である」というように、法律要件（……ならば）と法律効果（〜である）が規律されているのが実体法です。そして、実体法の法律効果（〜である）を現実に発生させるための手続を規律しているのが手続法です。

> **Point**
> 実体法は裁判における判断基準を示します。これをおさえておくのがリスクマネジメントの第一歩です。

| 実体法 | 裁判における判断基準を付与する法 |
| 手続法 | 裁判の手続規制を定める法 |

実体法と手続法

2-04 制定法の分類 (2)

1 民事法と刑事法

Point
契約という私人間の取引であっても刑事罰が発生することがあります。

民事法と刑事法という観点から法律を考えてみましょう。民事法とは民事事件に関わる法であり、刑事法は刑事事件に関わる法です。この点から考えると、民法・商法・民事訴訟法は民事法に属し、刑法・少年法・刑事訴訟法は刑事法に属することになります。

契約の場合には刑事法は全くかかわらないというのは大きな誤りです。独占禁止法に違反した場合や知的財産法に違反した場合には、一定の刑事罰が課されます。リスクマネジメントをして、もし法律違反した場合には、いかなる制裁があるのかをチェックしておくことも重要な観点となります。

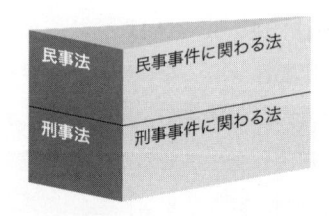

民事法	民事事件に関わる法
刑事法	刑事事件に関わる法

民事法と刑事法

2 私法と公法

近世の自由主義的法思想においては、個人の身分と財産の関係は平等な個人の自由な契約によって規律され、国家の命令強

制は個人の自由と平等を保障するためだけに是認されていたため、私法と公法は明確にわかれていました。しかし、自由競争社会が浸透し、資本主義が高度化していくにつれて、資本主義の矛盾や欠陥が次第に露呈されていくようになると、それを是正するために、国家は各種特別法を制定することにより、個人の財産関係に積極的に関与するようになりました。

たとえば、不動産賃貸借契約における借地借家法、雇用契約における労働法、金銭消費貸借における利息制限法、企業経営に対する独占禁止法などがその例です。ここに、私法にも公法にも属さない法の領域、社会法・経済法といわれる法領域が登場することとなります。

現代社会においては、個人の財産関係にも国家の監督・命令・強制（公法の指導原理）が入り込んでいるので、私法と公法を明確にわけることが困難な状況となっているのが実情です。

このため、リスクマネジメントにおいては公法・私法にわけることよりも、自分がかかわっている契約には公法・私法にかかわらずどんな法律があるのかを洗い出しする必要があります。

たとえば契約の場合であっても、ステークホルダーが拡大するほど関わる法律が増えますから、純粋な公法も問題となります。また、公法・私法に厳密にわけられない分野の法律（たとえば消費者保護法や借地借家法）なども加わってきますから、さらに拡大します。

> **Point**
> 私法、公法という区分にとらわれず案件がかかわる法律を洗い出すことが実務上最も重要なことになります。

私法	法の規律を受ける当事者の双方とも私人である場合
公法	法の規律を受ける当事者の双方または一方が国家機関である場合

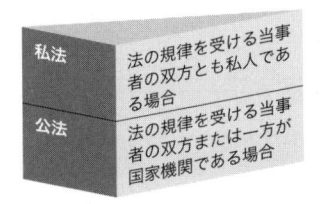

私法と公法

2-05 私法の原理原則

① 私法の基本原理

> **Point**
> 法律上、人は自然人と法人の２種にわかれます。人が負う義務は自然人も法人も両方負うのです。

　私法においてはすべての個人が平等な権利主体として扱われるものとされています。これを「権利能力平等の原則」といいます。権利能力とは、権利や義務を負うことができることを意味します。日本の民法においては、人は権利能力があるとされています。

　また、法律上、人は自然人（＝生身の人間）と法人（＝法律の規定によって設立された人）の２種類にわかれますので、自然人または法人であれば、権利・義務をもつことができるのです。たとえば、赤ちゃんは自然人ですので権利能力を持っていますし、株式会社は法人ですので権利能力を持っています。

　逆にいうと権利能力がなければ権利や義務を負うことはできません。ですからリスクを回避するためには、契約の相手方に権利能力があるかをチェックしないとなりません。

人は権利能力（権利・義務の主体となることができる法律上の資格）を有する

人	自然人	生身の人間 　自然人の権利能力は出生により始まり死亡により終わる
	法人	法によって権利能力を認められた人 　法人の権利能力は設立、主務官庁の設立許可、設立認可により始まり清算結了により終わる。

② 私法の３原則

　私法においては①所有権絶対の原則、②私的自治の原則、③過失責任の原則の３つの原則があります。

所有権絶対の原則

　所有権絶対の原則とは、所有権は他人から侵害されることはないとする原則です。ただし、この原則を貫くと、極端な貧富の差を生み出すこととなるため、現代は公共の福祉により制限されています。

私的自治の原則

　私的自治の原則とは、人は私的な関係を自分の意思に基づいて自由に形成することができるという原則です。ただし、この原則を貫くと、契約当事者のうち弱者に不利が発生することとなるため、現代は強行法規には従わなければならないとされています。

> **Point**
> 私法の3原則
> ①所有権絶対の原則
> ②私的自治の原則
> ③過失責任の原則

過失責任の原則

　過失責任の原則とは、人は、他人に損害を与えても、故意・過失がなければ、被害者に損害賠償義務を負わないとする原則です。いいかえると、人は故意・過失がない限り自由に行為することができるという原則です。この結果、企業は自由な経済活動を行うことができることとなり、現代社会も発展してきたのです。しかし、この原則を貫くと、環境破壊などの社会問題が生じることとなるため、現代は一部が無過失責任によって修正されています。

所有権絶対の原則	個人が物を全面的に支配する私有の権利は不可侵のものとして尊重され、他人によっても国家権力によっても侵害されないとする原則 例外）公共の福祉
私的自治の原則	権利主体は、私的な関係を自己の意思に基づいて自由に形成できるとする原則 例外）強行法規
過失責任の原則	人は、他人に損害を与えても、故意・過失がなければ、被害者に損害賠償義務を負わないとする原則 例外）無過失責任

私法の3原則

2-06 権利・義務と債権・債務

1 権利と義務

> **Point**
> 契約においては債権、債務を理解することが重要です。

権利とは他人に対して一定の行為をすることを法律によって主張できる力です。義務とは他人から一定の行為をすることを法律によって拘束される力です。

2 権利の分類

私権と公権

権利は、私法上の権利である私権と公法上の権利である公権にわけられます。私権とは、相互に対等な私人との間の法律関係を権利義務関係で捉えることを前提にした権利です。公権とは、国家と私人とが権利義務関係にあるという考え方を前提として成立する権利です。公権はさらに、国家が私人に対して有する、国家権力または国家機関の権限である国家的公権と、私人が国家に対して有する、いわゆる基本的人権と言われるものなどの個人的公権に分かれます。

財産権と人格権と身分権

財産権は、個人の経済的な利益を保護するための権利です。人格権は、個人の人格的利益を保護するための権利です。身分権は、個人が一定の親族関係にあることに基づく個人の権利です。財産権は他人に譲渡できますが、人格権と身分権は他人に譲渡できません。

物権と債権

　物権とは、特定の人が特定の物を支配していることを全ての人に対して主張できる権利のことをいいます。債権とは、特定の人が特定の人に対して、特定の行為を主張できる権利のことをいいます。特定の行為を主張される側からすればそれは債務となります。

3　義務の分類

宗教的義務・道徳的義務・社会的義務

　宗教的義務とは、ある宗教に属している人がその宗教に応じて課せられている義務です。道徳的義務とは、道義上課せられている義務です。社会的義務とは、ある社会に属している人がその社会に応じて課せられている義務です。社会的責任ともよばれます。社会的義務は、個人が属する身分・地位・職業・地域・組織などに応じた、社会関係に応じて認められます。

作為義務・不作為義務

　作為義務とは特定行為を行わなければならないことを内容とする義務のことをさします。不作為義務とは特定行為を行ってはならないこと（不作為）を内容とする義務のことを指します。

権利と義務

権利	他人に対して一定の行為をすることを法律によって主張できる力
義務	他人から一定の行為をすることを法律によって拘束される力

債権と債務

債権	特定人から特定人に対して一定の行為をすること（作為）または一定の行為をしないこと（不作為）を法によって主張できる力
債務	特定人から特定人に対して一定の行為をすること（作為）または一定の行為をしないこと（不作為）を法によって拘束される力

2-07 物 (1)

1　動産と不動産

Point
契約において物を区別することは重要です。特に動産と不動産の区別に注意しましょう。

　不動産とは、土地と土地の定着物を指します。土地とは一定の範囲の地面を指します。その土地の表面だけではなく、その上下も含みます。土地の定着物とは、土地に付着する物であって、継続的に一定の土地に付着し使用される物を指します。日本では建物は土地の定着物ですが、常に土地とは別個の不動産として取り扱われますので注意が必要です。

　動産とは、不動産以外の物すべてを指します。土地や建物に付着していても、定着物ではない物は動産になるので注意が必要です。

動産と不動産

不動産	土地・土地の定着物
動産	不動産以外の物

2　元物と果実

　元物とは収益を生じる元となる物です。そして、その収益を果実といいます。たとえば、樹木が元物の場合、樹木になる果実が天然果実と呼ばれます。そして、樹木を他人に使用させたことにより発生する賃料を法定果実と呼びます。

元物と果実

元物	収益を生じる元となる物
果実	元物から発生した収益 　　天然果実 ──── 元物から自然に産出される物 　　法定果実 ──── 元物を他人に使用させた対価として収受される物

3　主物と従物

　主物とは従物に効用を助けられる物を指します。これに対して、従物とは主物の効用を助けるものを指します。従物は、主物の処分に従うと民法で定められています。したがって、もし従物を主物と別の取扱にしたい場合には、当事者間で別途合意をする必要があります。

　たとえば、建物の母屋と物置の関係で考えてみると、母屋が主物で物置が従物に該当します。したがって、母屋が売却される場合には、物置も一緒に売却されることとなります。もし、物置を売却したくないのであれば、当事者間で別途「物置については売買目的物に含めないものとする」という合意をしておかなければなりません。

> **Point**
> 従物と主物と別個に取り扱いたければ当事者間で合意をしておきましょう。

主物と従物

主物	従物に効用を助けられる物
従物	主物の効用を助ける物

2-08 物 (2)

1 特定物と不特定物

Point
特定物と不特定物の区別は債務の履行の際に重要となります。

　特定物とは、当事者がその個性に着目した物を指します。これに対して、不特定物とは、当事者がその個性に着目していないものを指します。

2 特定物と不特定物に関する民法上の規定

　民法においては、「債権の目的が特定物の引渡しであるときは、弁済をする者は、その引渡をすべきときの現状でその物を引き渡さなければならない」と定められています。つまり、特定物を相手方に引き渡す債務を負っている者は、その物の現状のまま引き渡せば債務をまぬがれるものとしました。
　これに対して、不特定物については、「債権の目的物を種類のみで指定した場合において、法律行為の性質または当事者の意思によってその品質を定めることができないときは、債務者は中等の品質を有するものを給付しなければならない」と定められています。つまり、不特定物を相手方に引き渡す債務を負っている者は、質について特に当事者間で合意をしなかった場合には中等の質の完全な物を引き渡さなければ債務を免れないものとしました。
　そうすると、特定物の引渡に関する債務者の債務の履行は、特定物になにか欠陥があったとしても、その特定物をそのまま引き渡せば終了するのに対し、不特定物の引渡に関する債務者

の債務の履行は、不特定物になにか欠陥があった場合には、その不特定物をそのまま引き渡しても債務は終了せず、完全な物品を調達して引き渡さなければ債務を終了させることができないこととなります。つまり、特定物の引渡債務者は現状引渡義務だけを負っているのに対して、不特定物の債務者は完全物品調達義務を負っているということになります。

このことは、不特定物の債務者は、「同種の物が市場に存在する限りは、永遠に履行不能とはならない」ということを意味します。ですから、このままでは債務者の責任を過剰に重くすることとなりますので、民法は、不特定物の引渡債務の債務者を、過剰な負担から救済するため、一定の時期を標準として特定され、それ以後は債権の目的物は特定物として取り扱われるものとしました。

> **Point**
> リスクマネジメントの観点からは、特定物と不特定物について当事者間で合意をしておくことが重要です。

③ 特定に関するリスクマネジメント

物の引渡しに関する債務を負う場合には、後述する瑕疵担保責任の問題も絡んできますので、その渡す物が特定物なのか不特定物なのかをよく確認しておく必要があります。また、不特定物を引き渡す債務を負う場合には、いつ特定するのかを合意によって確認しておく必要があります。もし、確認していない場合には法律の規定に従うことになるので、無用な紛争が発生するおそれがあるからです。

特定物と不特定物

	定義	給付目的物の質	その物の引渡債務者の債務の履行
特定物	当事者がその個性に着目した物	現状	その物の現状のまま引き渡せばよい（現状引渡義務）
不特定物	当事者がその個性に着目していない物	中等物	完全な物を引き渡さなければならない（調達義務）

2-09 物権と債権

　契約を規律する民法では、大きく分けて２種類の財産権について規定しています。物権とは特定の独立する物を排他的・直接的に支配できる権利です。そして、債権とは特定人が特定人に対して一定の行為を請求することができる権利です。

1　物権

> **Point**
> 民法では物権と債権に財産権をわけています。

　物権は、自己のためにする意思で特定の物を所持する事実的支配状態を保護する権利である「占有権」と、自己のためにする意思で特定の物を所持する事実的支配状態を、法律上正当とする権利である「本権」にわかれます。本権は所有権、用益物権、担保物権に分かれます。

　たとえば、Ａが甲という土地の所有権を保有している場合、Ａは土地甲を他人に譲渡して処分することもできますし、土地甲を自分で利用することもできますし、土地甲を他人に利用させて収益することもできます。

　また、Ａが甲という土地の地上権を保有している場合、土地甲を自分で利用することもできますし、土地甲を他人に利用させて収益することもできます。

　そして、Ａが甲という土地の抵当権を保有している場合、Ａは土地甲を他人に譲渡して処分することはできませんし、土地甲を自分で利用することもできませんし、土地甲を他人に利用させて収益することもできません。ただし、Ａは抵当権を保有しているので、土地甲の財産的価値を把握しており、抵当権を実行した場合には土地甲から優先的に弁済を得たりすること

ができます。

② 債権

　債権とは特定人が特定人に対して一定の行為を請求することができる権利です。たとえば、Aが売主として土地甲の売買契約をBと締結した場合、BはAに対して土地を引き渡すように請求する債権を持ちます。また、AはBに対して代金を引き渡すように請求する債権を持ちます。このように、債権は、特定の相手方に請求することができるにとどまります。

> **Point**
> 自分が保有している権利が物権なのか債権なのか注意することがリスクマネジメントとなります。

物権
特定人が特定の独立する物を排他的・直接的に支配できる権利

債権
特定人が特定人に対して一定の行為を請求できる権利

民法上の財産権

民法上の財産権の種類

物権	占有権			
	本権	所有権		
		用益物権	地上権	
			地役権	
			永小作権	
		担保物権	法定担保物権	留置権
				先取特権
			約定担保物権	質権
				抵当権
債権				

2-10 善意・悪意／故意・過失、民法上の注意義務

1 善意と悪意

善意とはある事情を知らないことを指し、悪意とはある事情を知っていることを指します。

一般的な口語だと「善意」は「善行をする意思」で「悪意」は「悪行をする意思」を表しますが、法律上善意・悪意という場合には常にある事実の不知・知を表しますので注意しましょう。

法律上、悪行をする意思は「害意」という言葉で表されます。

> **Point**
> 善意はある事実を知っていること。悪意はある事実を知らないことです。

2 故意と過失

故意とは、ある結果が発生すると認識していたことを意味します。たとえば、借金を返済しなければならないのに返済日が到来したにもかかわらず、意図的に返済しないとき、故意といいます。

過失とは、ある結果が発生すると認識すべきだったのに認識しなかったことを意味します。たとえば、借金を返済しなければならない返済日が到来したにもかかわらず、到来したことを失念していたため返済しないとき、過失といいます。

民法では、社会的に要求される通常人の注意義務を欠いた場合、過失があるとされます。また、専門家や事業者のように一定の職業に従事する者は、その業務の性質に照らして、客観的な基準に基づく注意義務が要求され、このような客観的注意義務に反した場合に過失があるとされます。

> **Point**
> 故意は、「意図的」にということ。過失は、「うっかり」ということです。

3 民法上の注意義務

また、民法上では、財産を管理するに際して、善良な管理者としての注意義務と自己の財産におけるのと同一の注意義務の2種類の義務の規定があります。善良な管理者としての注意義務とは、その人の職業や社会的地位に相応して一般人であったら取引上払うであろう注意義務のことを指します。

これに対して、自己の財産におけるのと同一の注意義務とは、社会における一般人ではなく、その人を基準として、その人であったら自分の財産に対して払うであろう注意義務のことを指します。

善良な管理者としての注意義務は一般人を基準としているのに対し、自己の財産におけるのと同一の注意義務はその人を基準としているので、善良な管理者としての注意義務の方が自己の財産におけるのと同一の注意義務よりも重い義務となります。

民法ではこの善良な管理者としての注意を欠くことや自己の財産におけるのと同一の注意を欠くことを「過失」と呼びます。

> **Point**
> 「自己の財産におけるのと同一の注意義務」より「善良な管理者の注意義務」の方が重いです。

4 軽過失と重過失

過失は軽過失と重過失の2種類に分けることができますが、民法上、単に「過失」という場合には軽過失を意味します。ですから、民法上「善意無過失」という場合には「善意無軽過失」のことを指します。これに対して、重過失という場合には、限りなく故意に近い過失のことを指します。

> **Point**
> 民法においては「過失」＝「軽過失」

善意と悪意

悪意			ある事情を知っている
善意	過失なし		善意・無過失（ある事情を知らないことにつき過失がない）
	過失あり	軽過失	善意・軽過失（ある事情を知らないことにつき軽過失がある）
		重過失	善意・重過失（ある事情を知らないことにつき重過失がある）

2-11 意思表示

1 意思表示とは何か

Point
契約は2個以上の意思が相対立して合致することによって、その効果が発生します。合致していない場合は望みどおりの効果は発生しないので注意が必要です。

　意思表示とは、ある一定の法律上の効果を発生させようとする気持ちを表現することです。たとえば、買主が「自動車ディーラーから自動車を法律上自分に引き渡してほしい」と思ったら「自動車を売ってください」といいます。この「自動車を売ってください」ということが意思表示なのです。私法の世界では意思表示がとても重大です。

　私法の世界では、意思表示からできている行為を法律行為と呼んでいます。そして、この法律行為は「単独行為」「契約」「合同行為」に分けられます。単独行為は、意思表示者の単独の意思表示でその効果が発生するものをいいます。契約は、契約の当事者複数の意思表示が相対立して合致することにより、その効果が発生するものをいいます。合同行為は、合同行為の当事者の複数の意思表示が相対立しないで同一の目的に向けられた形で合致することにより効果が発生するものをいいます。

単独行為	契約	合同行為
単一の意思表示により効果が発生 例）追認・取消・解除	2個以上の意思表示が相対立して合致することにより効果が発生	2個以上の意思表示が相対立せずに同一の目的に向けられた形で合致することにより効果が発生 例）社団設立

意思表示を要素とする行為（＝法律行為）

② 意思の通知と観念の通知

　意思表示とはある一定の法律上の効果を発生させようとする気持ちを表現することなので、意思を表現していても、一定の法律上の効果を発生させようと思っていない場合には意思表示とはいいません。この場合は「意思の通知」といいます。また、何らかの表現はしていても意思ではない場合にも意思表示とは言いません。この場合は「観念の通知」といいます。

> **Point**
> 意思の通知と観念の通知は意思表示ではありません。

意思の通知	観念の通知
意思を発表しているが法律効果の発生を内容としていない 例）催告・受領拒絶	一定の事実の発表であり意思は発表していない 例）債権譲渡通知・債務承認

意思表示を要素としない行為（＝準法律行為）

　契約は「２個以上の意思表示が相対立して合致することにより効果が発生」するのですから、契約を締結する場合には注意しなければなりません。

③ 法律行為と準法律行為

　法律行為とは、ある法律効果を発生させようとする意思表示からできている行為を指します。これに対してある法律効果を発生させようとする意思表示ではないものからできている行為を準法律行為といいます。ですから、契約、単独行為、合同行為は法律行為に該当します。これに対して、意思の通知・観念の通知は準法律行為に該当します。

2-12 意思表示の効果（有効・無効／取消・追認）

① 有効・無効

> **Point**
> 有効・無効とは意図した法律上の効果が発生している状態であるかどうかを指します。

　当事者が、その意思表示によって意図した効果が発生している状態のことを「有効」とよびます。これに対して、当事者が、その意思表示によって意図した効果が発生していない状態のことを「無効」とよびます。民法においては、当事者に意思がない場合、意思表示があるが内心の意思と一致していない場合に無効となるとしています。

　これに対して、当事者が意図した効果は一応は発生しているが、取消権がある者によって取消の意思表示をされると、意思表示のはじめに戻って確定的に無効となったり、追認権がある者によって追認の意思表示をされると、意思表示のはじめに戻って確定的に有効となったりする状態を「不確定有効」または「不確定無効」とよびます。民法では、制限行為能力者が意思表示をした場合、詐欺による意思表示をした場合、強迫による意思表示をした場合に取消権が発生すると規定しています。

> **Point**
> 無効や不確定有効または不確定無効にならないようにするには、後に述べる意思表示の有効性の観点からリスクマネジメントをすることが重要です。

　リスクマネジメントの観点としては、不確定な状態にしておくのがもっとも望ましくないことですから、自己の意思表示の結果がどのような状態にあるのかを必ず確認しておくとともに、不確定な状態にならないようにしておく必要があります。また、もし万一不確定な状態になってしまったのであれば、できるだけ早い段階で無効となるのか、有効となるのか確定させる必要があります。

2 取消・撤回・追認

　取消とは、意思表示の効果を遡及的に消滅させる意思表示のことを言います。遡及的にとは、意思表示のはじめに戻ってという意味です。したがって、取消の意思表示をした場合には、意思表示のはじめに戻ってその効果がなかったものとなる（＝無効）ことになります。これに対して、撤回とは、意思表示の効果を将来的に消滅させる意思表示のことをさします。したがって、撤回の意思表示をした場合には、撤回の意思表示をした時点から先にはその効果は無効となりますが、それまでの間は有効ということになります。

　追認とは、意思表示の効果を発生させる意思表示のことを言います。

> **Point**
> 「取消」「撤回」「追認」は意思表示であって状態ではありません。

意思表示の効果

（確定的）有効	当事者が意図した効果が発生している状態
（確定的）無効	当事者が意図した法律効果が発生していない状態
不確定有効 不確定無効	当事者が意図した効果が一応は発生しているが、取消権がある者により取消の意思表示をされると意思表示のはじめに戻って確定的に無効となったり、追認権がある者により追認の意思表示をされると意思表示のはじめに戻って確定的に有効となったりする状態

意思表示の変更

取消	意思表示をした者の意思表示の効果を遡及的に消滅させる意思表示
撤回	意思表示をした者の意思表示の効果を将来的に消滅させる意思表示
（遡及的）追認	意思表示をした者の意思表示の効果を遡及的に発生させる意思表示 ⇒不確定有効（不確定無効）の追認
（非遡及的）追認	意思表示をした者の意思表示の効果を将来的に発生させる意思表示 ⇒確定的無効の追認

2-13 契約によって発生する債権・債務

1　債権・債務

Point
「債務不履行」という場合には一定の責任が債務者に発生します。契約におけるリスクマネジメントを考える場合には自分が何の債務者であるか必ず確認するようにしましょう。

　たとえば、AがBに「Bさん私の家を1000万円で買ってください」という意思表示をします。そして、BがAに「あなたの家を1000万で買いましょう」という意思表示をします。

　この売買契約が成立するとBはAに「家を引き渡してくれ」ということができます。これは、家の引渡という行為に関して、BがAに対してもつ債権があるからいえるのです。そしてAはBにだけ家を渡さなければいけない義務に拘束されます。これは、家の引渡しという行為に関して、AがBに対してもつ債務があるからなのです。

　そして、AはBに「家の代金を引き渡してくれ」ということができます。これは、代金の引渡という行為に関してAがBに対してもつ債権があるからいえるのです。そして、BはAにだけ代金を渡さなければいけない義務に拘束されます。これは代金の引渡という行為に関して、BがAにもつ債務があるからです。

　このように、売買契約には目的物引渡に関する債権・債務と代金引渡に関する債権・債務の2種類が存在します。このため契約において、債権・債務という言葉を使うときには何に関する債権・債務かを常に考えるようにしなければなりません。

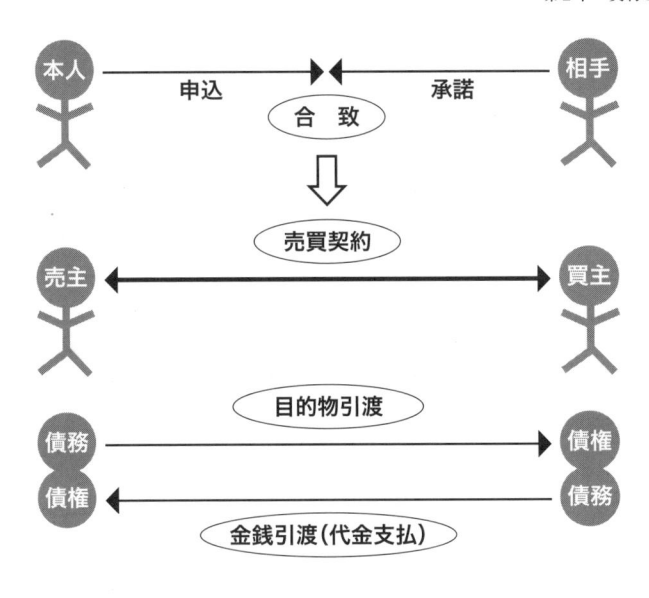

意思表示と契約と債権債務

{ 買主は、売主に対して、目的物を引き渡すように請求する権利（債権）を持つ
　∴　買主は目的物引渡については債権者である

{ 売主は、買主に対して、目的物を引き渡す義務（債務）を負う
　∴　売主は目的物引渡については債務者である

目的物引渡に関して考える場合

{ 売主は、買主に対して、代金を支払うように請求する権利（債権）を持つ
　∴　売主は代金支払については債権者である

{ 買主は、売主に対して、代金を支払う義務（債務）を負う
　∴　買主は代金支払については債務者である

金銭引渡に関して考える場合

2-14 典型契約と非典型契約

1 典型契約とは

Point
民法には13種の契約がモデルとしてあげられています。

契約について記載している法律を民法といいます。民法には13種類の契約が類型として記載されています。この13種類の契約を典型契約または有名契約といいます。

しかし、私法の一種類である民法は私的自治の原則が適用されます。だから、契約当事者は自由に契約を締結することができます。このように、当事者の意思表示でその内容を決定した契約で民法に記載されていない契約を非典型契約または無名契約といいます。

典型契約の分類

	双務・片務	有償無償	諾成・要物	要式・不要式	解除
贈与	片務	無償	諾成	不要式	遡及効あり
売買	双務	有償	諾成	不要式	遡及効あり
交換	双務	有償	諾成	不要式	遡及効あり
消費貸借	片務	無償（特約で有償）	要物	不要式	遡及効あり
使用貸借	片務	無償	要物	不要式	遡及効あり
賃貸借	双務	有償	諾成	不要式	遡及効なし
雇用	双務	有償	諾成	不要式	遡及効なし
請負	双務	有償	諾成	不要式	遡及効あり
委任	片務（特約で双務）	無償	諾成	不要式	遡及効なし
寄託	片務（特約で双務）	無償	要物	不要式	遡及効なし
組合	双務	有償	諾成	不要式	遡及効なし
和解	双務・片務	有償・無償	諾成	不要式	遡及効あり
終身定期金	双務・片務	有償・無償	諾成	不要式	遡及効あり
	双務契約には同時履行の抗弁権、危険負担の問題あり	有償契約に売買の規定準用			

※遡及効とは解除の効果が法律行為の当初に遡って効果が及ぶかそれとも解除の時点からスタートするかという意味です。

❷ 非典型契約（当事者の自由な意思で作る契約）

　典型契約の規定は当事者の約定がない場合に補充的に利用されるものです。私法には、私的自治の原則があるので、当事者の意思が最も尊重されます。したがって、当事者は契約の際の約定により、民法の典型契約にはない契約を創設することができます。ただし、いくら自由に意思表示をすることができるといっても、強行法規に反する意思表示の場合には無効になってしまうので注意をしなければなりません。

　たとえば、有償委任契約を考えてみましょう。委任契約とは、民法上では無償の契約ですが、当事者の意思表示によって有償とすることができます。この場合には、後から紛争となったときに、適用する条文について争いとならないように、契約締結時に詳細に契約条項について合意をしておくことが必要となります。

　さらに、製作物供給契約を考えてみましょう。製作物供給契約とは、注文者が相手方に対してある物の製作を依頼し受注者からそれを買い取るものです。民法上の売買契約とも、請負契約とも異なります。したがって、このような契約を締結する場合には、あとから紛争となったときに、レファレンスする条文について争いとならないように、契約締結前に詳細に契約条項を合意しておくことがより重要です。

> **Point**
> 民法にモデルとしてあげられていない契約内容とする場合、強行法規に反していないかチェックすることがリスクマネジメントになります。

2-15 契約の分類

① 諾成契約と要物契約

> **Point**
> 債権・債務の発生時期が異なるので契約が要物契約か諾成契約かをチェックすることがリスクマネジメントの上で必要です。

　諾成契約とは、当事者の申込と承諾のみで成立する契約をいいます。これに対して、要物契約とは、当事者の申込と承諾のほかに物の引渡しが必要な契約をいいます。要物契約は、物を引き渡さない限りは契約が成立しませんので、いくら当事者間で合意だけ成立しても物の引渡しが済んでいない限りは債権・債務が発生することはありません。これに対して、諾成契約は、当事者間で契約に関する合意が成立すれば債権・債務が発生します。したがって、諾成契約と要物契約では、契約成立時点が異なりますので注意しなければなりません。

　たとえば、消費貸借契約は要物契約となりますので、金銭消費貸借においては借主が貸主から金銭を実際に受領するまでは金銭消費貸借は成立していないので、債権・債務関係は発生していないということになります。これに対して、売買契約は諾成契約となりますので、売買契約においては売主と買主で売買に関する合意が成立した時点で、債権・債務関係が発生しているということになります。

諾成契約と要物契約

諾成契約	当事者の申込と承諾のみで成立する契約
要物契約	当事者の申込と承諾のほかに物の引渡しが必要な契約

② 不要式契約と要式契約

　要式契約とは、契約が成立するのに一定の要式を必要とする契約を言います。不要式契約とは、契約が成立するのに一定の要式を必要としない契約を言います。

　たとえば、会社を設立する際には定款を作成しなければ会社は成立していませんが、売買契約を締結する際には契約書を作成しなくても売買契約は成立しています。ですから、売買契約は不要式契約ということになります。

> **Point**
> 要式契約の場合には要式が整っていないと契約が成立しませんので、リスクマネジメントの観点からは自分のしようとしている契約が要式契約か不要式契約かチェックすることが重要です。

不要式契約と要式契約

要式契約	契約が成立するのに一定の要式を必要とする契約
不要式契約	契約が成立するのに一定の要式を必要としない契約

③ 無償契約と有償契約

　有償契約とは、当事者双方が経済的な犠牲を払う契約をいいます。無償契約とは当事者の一方のみが経済的な犠牲を払う契約をいいます。

　たとえば、売買契約を締結した場合には、売主は買主に対して目的物を引き渡さなければなりませんし、買主は売主に対して代金を支払わなければなりませんので、売主と買主の双方ともが一定の経済的な犠牲を払っています。ですから、売買契約は有償契約ということになります。これに対して、贈与契約を締結した場合には、贈与者は受贈者に対して目的物を引き渡さなければなりませんが、受贈者は贈与者に何かを引き渡す必要はありませんので、贈与者のみが一定の経済的な利益を払っています。ですから、贈与契約は無償契約ということになります。

無償契約と有償契約

無償契約	当事者の一方のみが経済的な犠牲を払う契約
有償契約	当事者双方が経済的な犠牲を払う契約

④ 片務契約と双務契約

> **Point**
> 双務契約の場合には自分にも相手にも「債務」があります。リスクマネジメントの観点からは常にどちらの債務の話をしているかを確認することが重要です。

　双務契約とは当事者の双方が互いに契約から生じる債務を負担する契約をいいます。片務契約とは当事者の一方のみが債務を負担する契約をいいます。

　たとえば、売買契約では売主は目的物引渡に関して債務を負担し、買主は代金支払に関して債務を負担します。

　ですから、売買契約は双務契約ということになります。これに対して、金銭消費貸借契約では借主は借金返済に関して債務を負担し、貸主はなんらの債務を負担しません。ですから、消費貸借契約は片務契約ということになります。

片務契約と双務契約

片務契約	当事者の一方のみが債務を負担する契約
双務契約	当事者の双方が互いに契約から生じる債務を負担する契約

●売買契約

売主 ⟷ 買主

債務 —物の引渡→ 債権

債権 ←代金の支払— 債務

双方ともに債務がある

●金銭消費貸借契約

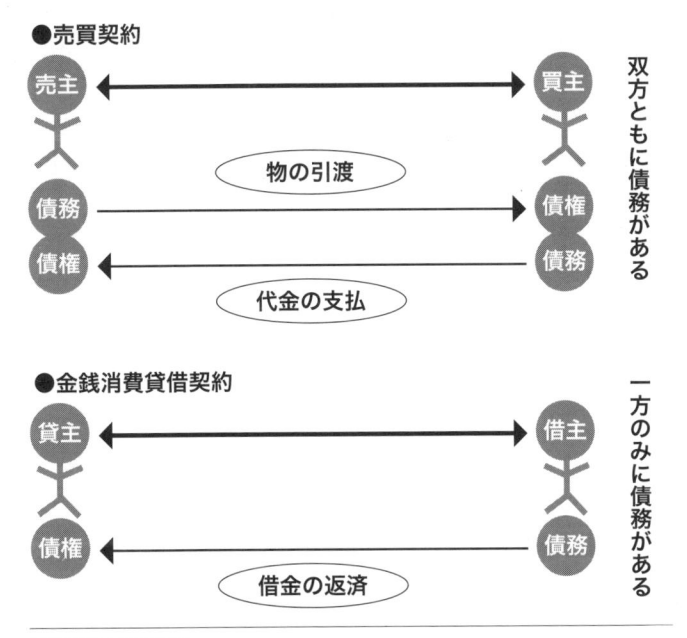

貸主 ⟷ 借主

債権 ←借金の返済— 債務

一方のみに債務がある

双務契約と片務契約

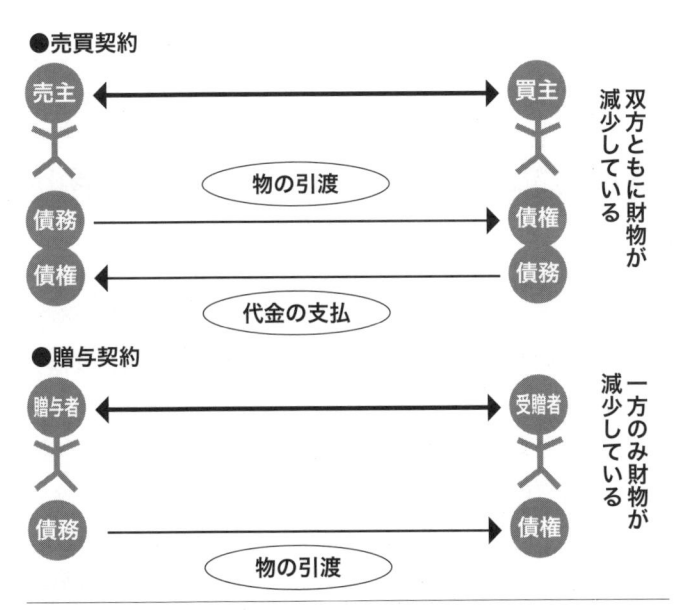

●売買契約

売主 ⟷ 買主

債務 —物の引渡→ 債権

債権 ←代金の支払— 債務

双方ともに財物が減少している

●贈与契約

贈与者 ⟷ 受贈者

債務 —物の引渡→ 債権

一方のみ財物が減少している

有償契約と無償契約

2-16 財貨移転型の契約

財貨または価値を終局的に相手に移転する契約（財貨移転型）

	贈　与	売　買	交　換
性質	諾成契約 不要式契約 無償契約 片務	諾成契約 不要式契約 有償契約 双務	諾成契約 不要式契約 無償契約 片務
所有権	移転	移転	移転
目的物	目的物それ自体	目的物それ自体	目的物それ自体

① 売買契約

> **Point**
> 売買契約はすべての双務契約のベースとなりますのでよく理解しましょう。

　売買は、当事者の一方がある財産権を相手方に移転することを約し、相手方がこれに対してその代金を支払うことを約することによって、その効力を生じる契約です（民法555条）

　売買契約では、売主には「目的物を買主に引き渡す債務」と「代金を買主から受け取る債権」が生じ、買主には「目的物を売主から受け取る債権」と「代金を売主に支払う債務」が発生します。

　売買契約の場合は、物の所有権がある人からある人に移転するため、売主に無過失の責任を課した責任である瑕疵担保責任の規定がありますので注意する必要があります。

　また、売買の規定は、その有償契約の性質がこれを許さないとき以外は、売買以外の有償契約について準用する（民法559条）とされています。たとえば、民法558条では「売買契約に関する費用は当事者双方が等しい割合で負担する」と定めら

れています。この条文は、賃貸借・雇用・請負などの有償契約の場合であっても適用されることになります。また、特約で有償契約とした場合であっても適用されますので、民法上は無償の委任契約を当事者間の特約によって有償委任とした場合や、民法上は無償の寄託契約を当事者間の特約によって有償とした場合でも適用されます。

2 贈与

　贈与は、当事者の一方が自己の財産を無償で相手方に与える意思を表示し、相手方が受諾をすることによって、その効力を生ずる契約です（民法549条）。
　贈与契約は、不要式の契約ですが、もし書面を作らずに贈与契約を締結した場合には、各当事者は債務の履行前であれば、この贈与契約に関する意思表示を撤回することができると定められています（民法550条）。したがって、リスクマネジメントの観点からは、契約成立後の撤回の防止のためにも、書面を作成しておくことが必要だといえます。

> **Point**
> 贈与契約の場合は撤回リスクを回避するため書面ですることが望ましいです。

3 交換

　交換は、当事者が互いに金銭の所有権以外の財産権を移転することを約することによって、その効力を生ずる契約です（民法586条）。売買契約では売主が物を引き渡して、買主が代金を支払いますが、交換契約では当事者の双方が物の引渡しをすることになります。

2-17 賃借型の契約

財貨または価値を限定された期間だけ相手方に移転して利用させる契約（賃借型）

	消費貸借	使用貸借	賃貸借
性質	要物契約 不要式契約 無償契約 片務	要物契約 不要式契約 無償契約 双務	諾成契約 不要式契約 有償契約 双務
所有権	借主に移転	貸主に留保	貸主に留保
目的物	同種同等同量物	目的物それ自体	目的物それ自体

1 賃貸借契約

> **Point**
> 賃貸借契約は目的物を引き渡さなくても成立する諾成契約ですが、消費貸借契約は目的物を引き渡さないと成立しない要物契約です。

賃貸借は、当事者の一方がある物の使用及び収益を相手方にさせることを約し、相手方がこれに対してその賃料を支払うことを約することによって、その効力を生ずる契約です（民法601条）。

賃貸借契約では、貸主には「借主のために目的物を使用収益させる債務」と「借主から賃料を受け取る債権」が生じ、借主には「貸主に賃料を支払う債務」と「貸主から目的物を使用収益させてもらう債権」が生じます。

簡単に言うと、有料でなにか物を借りる場合がこれに該当します。

2 消費貸借

消費貸借は、当事者の一方が種類、品質及び数量の同じ物

をもって返還をすることを約して相手方から金銭その他の物を受け取ることによって、その効力を生ずる契約です（民法587条）。

たとえば、金銭消費貸借契約（借金の契約）の場合には、貸主が借主に対して金銭を渡した時からその債権・債務が発生するということになりますので注意が必要です。

賃貸借は諾成契約ですから目的物を引き渡す前から債権・債務が発生していますが、この消費貸借は目的物を引き渡すまで債権・債務が発生しません。ですから、確実に消費貸借契約を実現させるには当事者間で「予約」をしておく必要があります。

③ 使用貸借

使用貸借は、当事者の一方が無償で使用及び収益をした後に返還をすることを約して相手方からある物を受け取ることによって、その効力を生ずる契約です（民法593条）。

簡単に言うと、無料で何か物を借りる場合がこれに該当します。

> **Point**
> 使用貸借は無料で物を借りる場合の契約で、賃貸借は有料で物を借りる場合の契約です。

2-18 労務型の契約 (1) 有償型

労務を利用する契約（労務型）

	雇 用	請 負	委 任	寄 託
形 態	指揮命令関係あり	指揮命令関係なし	指揮命令関係なし	指揮命令関係なし
性 質	諾成契約	諾成契約	諾成契約	要物契約
	不要式契約	不要式契約	不要式契約	不要式契約
	有償契約	有償契約	無償契約	無償契約
	双務	双務	双務	片務

1　請負契約

> **Point**
> 請負契約においては当事者間に指揮命令関係はありませんが、雇用契約においては当事者間に指揮命令関係があります。

　請負は、当事者の一方がある仕事を完成することを約し、相手方がその仕事の結果に対してその報酬を支払うことを約することによって、その効力を生ずる契約です（民法632条）。

　請負契約では、請負人に「注文者のために仕事を完成させる債務」と「報酬を注文者から受け取る債権」が生じ、注文者には「報酬を請負人に支払う債務」と「仕事を請負人から完成させてもらう債権」が生じます。

　請負契約の場合、注文者と請負人との間に指揮命令関係が成立しませんので、請負人は注文者から独立して仕事を行うことになります。

　民法上では、特約がなければ報酬支払は仕事完成後になります。このため、もし請負人が仕事完成前に報酬を受け取りたいのであれば、請負人・注文者間で報酬支払時期に関する特約を設けなければなりません。

2 雇用契約

雇用は、当事者の一方が相手方に対して労働に従事することを約し、相手方がこれに対してその報酬を与えることを約することによって、その効力を生ずる契約です（民法 623 条）。

雇用契約では雇用者は「被用者のために報酬を支払う債務」が生じ、「被用者から労働に従事してもらう債権」が生じます。被用者には「雇用者のために労働に従事する債務」が生じ、「雇用者から報酬を受け取る債権」が発生します。

この「従事する」という意味は、雇用者と被用者との間に指揮命令関係があることを意味します。この点が、請負や委任とは異なる点になります。

請負契約や委任契約と異なり、使用者と被用者との間に指揮命令関係がある雇用契約の場合には、労働関連法上の規制も受けますので、注意が必要です。

> **Point**
> 指揮命令関係の有無で労働法上の責任が発生します。リスクマネジメントを考える上では要注意です。

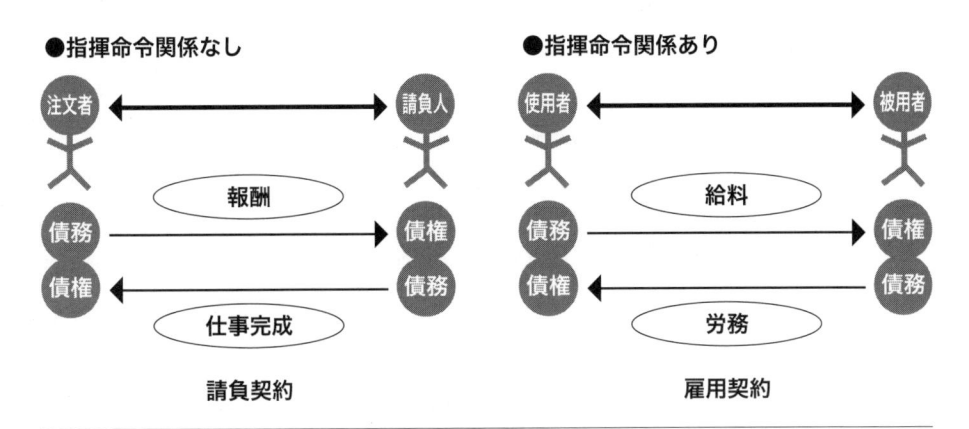

●指揮命令関係なし　　　　　●指揮命令関係あり

請負契約　　　　　　　　　　雇用契約

請負契約と雇用契約

2-19 労務型の契約 (2) 無償型

1　委任契約

Point
委任契約の受任者には善管注意義務が発生します。

　委任は、当事者の一方が法律行為をすることを相手方に委託し、相手方がこれを承諾することによって、その効力を生ずる契約です（民法643条）。委任契約では、受任者には「委任者のために法律行為をする債務」が生じます。委任者には「受任者から法律行為をしてもらう債権」が生じます。委任の場合、委任者と受任者との間に指揮命令関係が成立しませんので、受任者は委任者から独立して仕事を行うことになります。

　民法上では、特約がなければ委任者には報酬支払義務は発生しません。このため、もし受任者が報酬を受け取りたいのであれば、委任者・受任者間で報酬支払に関する特約を設けなければなりません。ただし、商法上では特約がなくても委任者に報酬支払義務が発生します。

　そして、受任者は、委任の本旨に従って善良な管理者の注意をもって委任事務を処理する義務を負うことが要求されています（民法644条）。この善良な管理者としての注意とは、受任者の職業や社会的地位から考えて、相当の注意をすることを意味します。

　また、法律行為を頼む場合を法律上「委任」と呼び、法律行為以外の行為を頼む場合を「準委任」と呼びます。企業法務においては通常、委託契約という名で呼ばれる契約の場合に、この委任契約をベースとしていることが多いです。

2　寄託契約

　寄託は、当事者の一方が相手方のために保管をすることを約してある物を受け取ることによって、その効力を生ずる契約です（民法657条）。

　寄託契約は要物契約ですので、寄託者から受寄者が物を受け取るまでは債権債務関係は発生しません。

　また、民法上では寄託契約は無償契約なので、寄託者には報酬支払義務は発生しません。ただし、当事者間の特約で有償寄託とすることができます。このとき、無償寄託の場合には、受託者は寄託者から預かったものについて、自己の財産に対するのと同一の注意を持って寄託物を保管する義務を負うのですが、特約で有償寄託とした場合には、受寄者は寄託者から預かったものについて、善良な管理者としての注意義務を負うことになりますので注意をする必要があります。

　そして、商法においても寄託契約が定められていますが、商法においては当事者間の特約がなくても寄託契約は有償契約となります。

> **Point**
> 委託契約と寄託契約は民法では特約を付けないと有償となりませんが、商法では特約を付けなくても有償としております。リスクマネジメントを考える上で要注意です。

> **Point**
> 無償寄託の場合は受寄者は自己の財産に対するのと同一の注意義務ですが、有償寄託の場合には善管注意義務を負います。リスクマネジメントを考える上で要注意です。

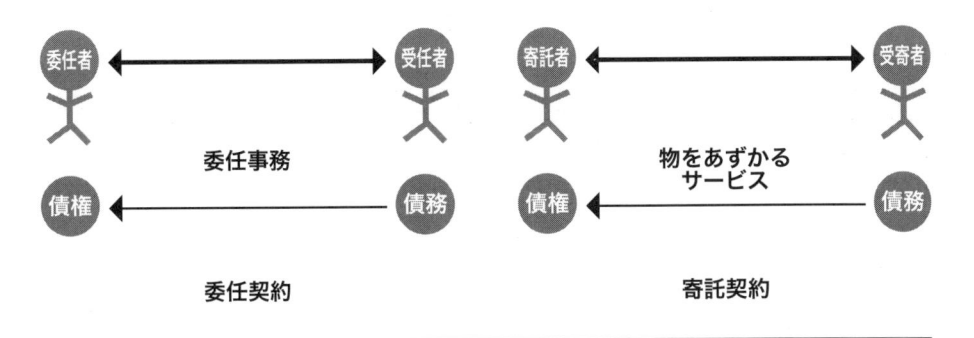

委任契約と寄託契約

第 3 章

契約成立過程

3-01 契約発生の一連の手続

1　契約要件

Point
有効な契約発生のためには一定の要件を満たしていないとなりません。

　契約が有効に成立しその効果が発生する状況になるためには、一定の要件を充たしていかなければなりません。これを契約の要件といいます。

　契約の要件には、①成立要件、②有効要件、③効果帰属要件、④効力発生要件の4つがあります。成立要件とは、当事者の意思表示によって法律行為が成立するために備えていなければいけない要件のことを指します。有効要件とは、成立した法律行為が有効となるために備えていなければならない要件のことを指します。効果帰属要件とは、本人と相手方の間で意思表示をするのではなく、代理人を立てて意思表示をさせる場合に、代理人のした意思表示の効果が本人に帰属するために備えていなければならない要件のことを指します。効力発生要件とは、意思表示の結果である法律効果の発生について、条件や期限をつけた場合には、法律行為の効果はその条件や期限が成就しなければ発生しないので、それが発生するために備えていなければならない要件のことを指します。

　代理人を立てない場合には代理人に関する効果帰属要件を検討する必要はありませんし、条件や期限をつけない場合には効力発生要件を検討する必要はありません。しかし、成立要件と有効要件はどんな場合であっても検討しなければなりません。

　契約不成立やせっかく成立した契約が無効なものであったり、また後から取り消されるものとなるようなリスクを回避す

るためにも、契約上のリスクマネジメントとしては有効な契約成立のため何を備えておくべきかを知っておく必要があります。

② 契約発生手順

成立要件：当事者の意思表示によって法律行為が成立するための要件

成立要件を充たしているかどうか　⇒　全ての要件充たさない場合は不成立
① 当事者の存在
② 目的物の存在
③ 意思の合致の存在

有効要件：当事者の意思表示が有効となるための要件

(1) 内容に関する有効要件
　確定可能性　　⇒　不確定の場合には無効
　実現可能性　　⇒　実現不可能な場合には無効
　適法性　　　　⇒　強行法規に反する場合には無効
　社会的妥当性　⇒　公序良俗に反する場合には無効

(2) 当事者に関する有効要件
　契約当事者が意思能力者かどうか　　　　⇒　意思無能力者の場合には無効
　契約当事者が制限行為能力者かどうか　　⇒　制限行為能力者の場合は取消可
　契約当事者の意思表示に意思が存在するかどうか　⇒　意思が存在しない場合は無効
　契約当事者の意思表示に瑕疵が存在するかどうか　⇒　瑕疵ある場合は取消可

効果帰属要件：代理人をたてた場合に法律行為の効果が本人に帰属するための要件

代理の要件を充たしているかどうか　⇒　全ての要件を充たさない場合は本人に効果帰属しない
① 顕名
② 代理権の存在
③ 有効な代理行為の存在

効力発生要件：法律行為の効力の発生・消滅を一定事実にかからせる場合に法律行為の効果が発生する要件

(1) 条件がある場合　⇒　条件成就しないと
　　　　　　　　　　　効力発生・効力消滅しない
(2) 期限がある場合　⇒　期限が到来しないと
　　　　　　　　　　　効力発生・効力消滅しない

契約成立

契約発生の手順

3-02 成立要件

① 成立要件

> **Point**
> 契約の成立要件
> ①契約当事者の存在
> ②契約目的物の存在
> ③契約の意思表示の合致

契約が発生するためにはまず第一に成立要件を満たすことが必要です。成立要件には3つあって、このすべてを満たさないと契約は成立しません。成立要件とは、①契約当事者の存在、②契約目的物の存在、③契約の意思表示の合致の3つです。

たとえば、売買契約を例にとってみると、なにか物を売りたい人と、なにか物を買いたい人がいなければ成り立ちません。これが、契約当事者です。契約においては、契約をする本人と相手方を契約当事者と呼びます。この契約当事者がいなければ契約は成立しません。

> **Point**
> 民法においては承諾期間を定めない申込がなされた場合には、承諾の通知が発信されたときに契約が成立すると定められています。但し電子商取引の場合は到達したときに契約が成立すると定められています。リスクマネジメントの観点からは、いつ契約が成立するかをチェックすることが重要です。

それから、売る目的物がなければ契約をしたところで意味はありません。ですから、契約の目的物がなければ契約は成立しません。たとえば、家の売買契約であれば、相手方に引き渡す家が契約目的物ということになります。

また、売りたい人の売るという意思表示と、買いたい人の買うという意思表示が合致していなければなりません。このとき、契約当事者の一方が相手方に対して、契約を成立させることを意図してする意思表示を申込といいます。そして、相手方がその意思表示に応じて契約を成立させるためにする意思表示を承諾といいます。この申込と承諾が合致していなければ契約は成立しません。

❷ 申込の誘引

　ここで問題となるのが、申込と申込の誘引です。
　申込と申込の誘引を区別するのは、意思表示する人の解釈ですが、一般にはその申出が契約の内容を明示していない場合には、その申出は申込ではなく申込の誘引と考えられています。他方、その申出が、契約の内容を明示している場合には、その申出は申込であると考えられています。
　たとえば、新聞の折込に入れる求人広告は、相手方が特に決まって広告を打っているわけではないので、その申出は債権・債務の内容を明示しているわけではないと考えられます。したがって、これらは申込の誘引であると考えられます。
　他方、スーパーマーケットなどの店舗に展示してある商品のディスプレーなどは、対象がそのスーパーを訪問している者に限定されているので、その申出は債権・債務の内容を明示していると考えられます。したがって、申込そのものであると考えられます。
　ある申し出が、契約の申込かそれとも契約の誘引であるのかを区別するのはとても重要なことです。なぜなら、諾成契約の場合には、契約の申込と承諾が合致した時点で契約が成立してしまうからです。たとえば、求人広告が申込だとすると、その求人に応募した時点で雇用契約が成立してしまうこととなります。これに対して、求人広告が申し込みの誘引だとすると、その求人に応募した時点では契約の申込がなされたということにとどまりますので、雇用者の承諾の意思表示を待ってはじめて雇用契約が成立したことになります。

> **Point**
> リスクマネジメントにおいては申込と申込の誘引を混在させないように注意することが大事です。

```
├────────┼────────┼────────▶
誘引      申込      承諾⇒成立
```

申込の誘引

3-03 有効要件 (1) 内容に関する有効要件

1　有効要件

> **Point**
> 内容に関する有効要件は
> ①確定可能性
> ②実現可能性
> ③適法性
> ④社会的妥当性
> の4つがあります。

　発生した契約について、当事者の望むような効果を実現させるには、その契約が有効な契約でなければなりません。この要件が有効要件といわれるものです。有効要件は、内容に関する有効要件と当事者に関する有効要件の2つにわかれます。

2　内容に関する有効要件

　内容に関する有効要件とは、契約内容を客観的に判断して有効か無効かをふるいにかける要件のことを言います。内容に関する有効要件には①確定可能性、②実現可能性、③適法性、④社会的妥当性の4つにわかれます。このうちのどれかがない場合には契約は無効となります。

3　確定可能性

　確定可能性とは、契約の内容が確定できるかどうかということをあらわします。もし、契約内容に確定可能性がない場合には、その契約は無効となります。

4　実現可能性

　実現可能性とは、契約の内容が実際に実現できるかどうかと

いうことをあらわします。もし、契約内容に実現可能性がない場合には、その契約は無効となります。

⑤ 適法性

適法性とは、契約の内容が強行法規に反していないかどうかということをあらわします。もし、契約内容が強行法規に反する場合には、その契約は無効となります。

⑥ 社会的妥当性

社会的妥当性とは、契約の内容が公序良俗に反しているかどうかということをあらわします。もし、契約内容が公の秩序または善良の風俗に反する場合には、その契約は無効となります。

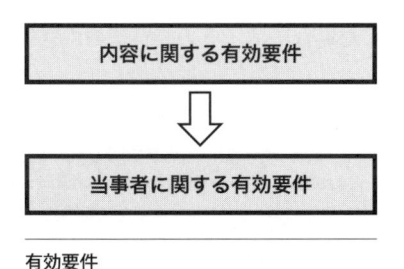

```
┌─────────────────────┐
│  内容に関する有効要件  │
└─────────────────────┘
          ⇩
┌─────────────────────┐
│ 当事者に関する有効要件 │
└─────────────────────┘
```

有効要件

3-04 有効要件 (2) 当事者に関する有効要件

> **Point**
> 当事者に関する有効要件は
> ①意思能力の有無
> ②行為能力の有無
> ③当事者の意思表示につき内心の意思と表示の合致
> ④当事者の意思表示につき欠陥の有無の4つがあります。

契約当事者に関する有効要件は、契約内容を客観的に判断して有効か無効かをふるいにかける要件のことを言います。当事者に関する有効要件については、①意思能力と表示の合致、②行為能力の有無、③当事者の意思表示につき内心の意思と表示の合致、④当事者の意思表示につき欠陥の有無の4つの点で検討されます。

① 意思能力の有無

> **Point**
> ・泥酔者
> ・心神耗弱者
> ・10才未満の幼児
> は意思能力がないと考えられています。

意思無能力者（＝意思能力を欠く）はそもそも意思表示ができないので、意思能力がない人の意思表示は無効とされます。

たとえば、泥酔をしていて意思を持つことができない人が売買契約を締結した場合には、その売買契約の意思表示は無効となります。

② 行為能力の有無

民法では、制限行為能力者に該当する者を定型的に定め、それに該当する者は単独で完全な意思表示ができないものとしました。ですから、単独で完全な意思表示ができないにもかかわらず、単独で意思表示をした場合には、制限行為能力者の意思表示は取り消すことができるものとしました。民法上これに該当する者は、未成年者・成年被後見人・被保佐人・被補助人があげられます。

3　内心の意思と表示の合致

　民法では、当事者が意思表示をしていても、その意思表示が本人の内心の意思と合致していない場合には、その意思表示は意思の不存在として無効としました。民法上これに該当するものとしては、心裡留保・通謀虚偽表示・錯誤があげられます。

> **Point**
> 民法では内心の意思と表示行為が合致していない場合を
> ・錯誤
> ・心裡留保
> ・通謀虚偽表示
> の3つに分けていま

4　当事者の意思表示につき欠陥の有無

　民法では、当事者が本人の内心の意思と合致している意思表示をしていたとしても、外界から何らかの影響があったために、本来ならするつもりはなかった意思表示をした場合には、その意思表示は瑕疵ある意思表示として取り消すことができるものとしました。民法上これに該当するものとしては、詐欺・強迫があげられます。

3-05 制限行為能力

1 制限行為能力者

> **Point**
> 20才未満でも結婚していれば、その意思表示は取り消せません。リスクマネジメントの観点からは注意が必要です。

　民法では、制限行為能力者に該当する者を定型的に定め、それに該当する者は単独で完全な意思表示ができないものとしました。ですから、制限行為能力者が単独で意思表示をした場合には、制限行為能力者の意思表示は取り消すことができるものとしました。民法上制限行為能力者に該当する者は、未成年者・成年被後見人・被保佐人・被補助人があげられます。

　未成年者とは20歳未満の者を指します。ただし、婚姻をした場合には未成年は成年とみなされますので、その意思表示を取り消すことができません。

　成年被後見人とは、精神上の障害により事理を弁識する能力を欠く常況にある家庭裁判所の審判を受けた者を指します。被保佐人とは、精神上の障害により事理を弁識する能力が著しく不十分な家庭裁判所の審判を受けた者を指します。被補助人とは、精神上の障害により事理を弁識する能力が不十分な家庭裁判所の審判を受けた者を指します。成年被後見人も被保佐人も被補助人もすべて家庭裁判所の審判を受けていなければなりませんので、それに該当していない場合には、いくら精神上の障害によって事理を弁識する能力が劣っていたとしても、取り消すことができません。

② 制限行為能力者の保護者

　未成年者・成年被後見人・被保佐人・被補助人は、単独で完全な意思表示をすることができないので、法律上彼らの代わりに完全な意思表示をすることができる者が必要となります。これを保護者といいます。未成年者の保護者は親権者、成年被後見人の保護者は成年後見人、被保佐人の保護者は保佐人、被補助人の保護者は補助人と呼ばれます。ですから、保護者には未成年者・成年被後見人・被保佐人・被補助人の代わりに意思表示をすることができる代理権があります。

　また、保護者には、未成年者・成年被後見人・被保佐人・被補助人が単独で意思表示をした場合に、その意思表示を取消（＝その意思表示が最初から無効だったものとする意思表示）したり、追認（＝その意思表示が最初から有効だったものとする意思表示）したりすることができます。

　さらに、未成年者・被保佐人・被補助人の保護者には、未成年者・被保佐人・被補助人が単独で意思表示をしたい場合に同意を与えることができます。保護者が同意を与えている場合の未成年者・被保佐人・被補助人の意思表示は取り消すことができません。ただし、成年被後見人の保護者には同意権はないので、成年被後見人の保護者が成年被後見人の意思表示について同意していたとしても、その意思表示は取り消すことができるので注意をする必要があります。

> **Point**
> 成年被後見人の保護者には同意権はないので、保護者が同意をしていても成年被後見人の意思表示は取り消されます。リスクマネジメントの観点からは要注意です。

③ 制限行為能力者の詐術

　制限行為能力者が単独で行った意思表示は、上述のように取り消すことができます。ただし、制限行為能力者が行為能力者であると偽ったり、保護者の同意を得ていないにもかかわらず保護者の同意を得ていると偽ったりした場合には、制限行為能

> **Point**
> 制限行為能力者が真実を偽った場合には意思表示を取り消すことができません。リスクマネジメントの観点からは真実を偽っているかどうかを確認することが重要です。

力者は単独で行なった意思表示を取り消すことはできません。

制限行為能力者制度まとめ

		未成年者	成年被後見人	被保佐人	被補助人
定義		20歳未満の者	精神上の障害により事理を弁識する能力を欠く常況にある家庭裁判所の審判を受けた者	精神上の障害により事理を弁識する能力が著しく不十分な家庭裁判所の審判を受けた者	精神上の障害により事理を弁識する能力が不十分な家庭裁判所の審判を受けた者
意思表示	原則	単独で有効な法律行為はできない	単独で有効な法律行為はできない	単独で有効な法律行為ができる	単独で有効な法律行為ができる
意思表示	例外	以下の行為は単独でできる ①利得行為か義務免除 ②許可された財産処分 ③許可された営業	以下の行為は単独でできる 日用品の購入その他日常生活に関する行為は単独でできる。	以下の行為は単独でできない 13条1項に規定されている行為全て	以下の行為は単独でできない 13条1項に規定されている行為のうち審判で定められた特定の法律行為
保護者		両親の婚姻中 　両親 両親の離婚後 　親権者 親権者なし 　最後の親権者の遺言 　OR 　家庭裁判所に選任された未成年後見人	成年後見人	保佐人	補助人
保護者の権能	同意権	○	×	○	○
保護者の権能	取消権	○	○	○	○
保護者の権能	代理権	○	○	○	○
保護者の権能	追認権	○	○	○	○
取消権者		本人 法定代理人 本人承継人	本人 成年後見人 本人承継人	本人 保佐人 本人承継人	本人 補助人 本人承継人

❹ 13条1項に規定されている行為

民法13条1項では以下の行為が規定されています。

1 元本領収または利用
2 借財または保証
3 不動産その他重要な財産に関する権利の得喪を目的とする行為
4 訴訟行為
5 贈与・和解・仲裁合意
6 相続承認・相続放棄・遺産分割
7 贈与申込拒絶・遺贈放棄・負担付贈与申込承諾・負担付遺贈承認
8 新築・改築・増築・大修繕
9 5年以上の土地賃貸借・3年以上の建物賃貸借・6カ月以上の動産賃貸借

被保佐人は1～9のすべてについて単独で意思表示をすることができません。これに対して被補助人は1～9のうち家庭裁判所の審判で定められたもののみについて、単独で意思表示をすることができません。

3-06 意思の不存在

　民法では、表意者（＝意思表示をする者）が意思表示をしていても、その表意者の表示が表意者の内心の意思と合致していない場合には、その表意者の意思表示は無効としました。民法上これに該当するものとしては、心裡留保・通謀虚偽表示・錯誤があげられます。

　法律上、表意者がどんな状況であれば無効とされるのか、どんな状況であれば無効とされないのかを心得ておくことによって、リスクが顕在化することを防止することができます。したがって、リスクマネジメントの観点からは、いかなる場合に無効になるのか、いかなる場合に取り消されうるのかを事前に予測しておく必要があります。

① 心裡留保

> **Point**
> 心裡留保は口語でいうと「ウソ」をつくことです。

　心裡留保とは、表意者の意思と表意者の表示が合致していないことを表意者自身が知っている場合を指します。

　この場合には、自らの意思と表示が合致していないことを知っている表意者を保護する必要はありません。むしろ、表意者の意思と表示が一致していると信じている相手方をこそ保護する必要が出てきます。したがって、この場合には、表意者の意思表示は原則として有効となります。ただし、相手方が表意者の表示と意思が合致していないことを知っている場合には、相手方を保護する必要もないので、無効となります。

② 通謀虚偽表示

通謀虚偽表示とは、表意者の意思と表意者の表示が合致していないことを表意者自身と相手方の双方が知っている場合を指します。この場合には、表意者を保護する必要もありませんし、また相手方を保護する必要もないので、原則として無効となります。

③ 錯誤

錯誤とは、表意者の意思と表意者の表示が合致していないことを表意者自身が知らない場合を指します。この場合には、自らの意思と表示が合致していないことを表意者が知らないため、表意者を保護する必要があります。したがって、この場合には、表意者の意思表示は原則として無効となります。ただし、相手方は、表意者の意思と表示が一致していると信じているわけですから、むやみに無効とするわけにはいきません。したがって、錯誤により意思表示の無効を主張するためには、①要素の錯誤であること、②表意者に重過失がないことが必要となります。

要素の錯誤とは、そのことを誤解していなかったら、その意思表示をしなかったであろうほどに本人にとって重要な部分を指します。

> **Point**
> 相手方が要素の錯誤であっても重過失があれば取消できません。リスクマネジメントの観点からは錯誤による無効を主張されないように防御することが重要です。

3-07 瑕疵ある意思表示

　民法では、当事者が本人の内心の意思と合致している意思表示をしていたとしても、外界から何らかの影響があったために、本来ならするつもりはなかった意思表示をした場合には、その意思表示は取り消すことができるものとしました。民法上これに該当するものとしては、詐欺・強迫があげられます。

　表意者の意思表示が、詐欺や強迫にもとづく意思表示に該当する場合には、相手方よりその意思表示を取り消されてしまうおそれがあります。したがって、リスクマネジメントの観点からは、どんな場合であったらその行為を取り消すことができるのかを事前に心得ておく必要があります。

① 詐欺

　相手方から詐欺をされたために意思表示をした場合には、その意思表示をした者は自らの意思表示を取り消すことができます。たとえば、土地の近くに駅ができると嘘をついてBに土地を購入させてやろうと意図するAから、「近くに駅ができるのでここの地価は上がるから購入したほうがよい」といわれたので土地の売買契約を締結したBがいる場合、Aの行為は詐欺に該当しますから、Bは土地の売買契約の取消をすることができます。

② 強迫

　相手方から強迫をされたために意思表示をした場合には、そ

> **Point**
> 詐欺により相手方が意思表示した場合には取り消されてしまいます。自らの行為が詐欺に該当しないかチェックすることが大切です。

の意思表示をした者は自らの意思表示を取り消すことができます。たとえば、土地を購入しなければＢの娘を誘拐するといってＢに土地を購入させてやろうと意図するＡから、「娘を誘拐されたくなかったらこの土地を購入せよ」といわれ、土地の売買契約を締結したＢがいる場合、Ａの行為は強迫に該当しますから、Ｂは土地の売買契約の取消をすることができます。

> **Point**
> 強迫により相手が意思表示した場合は取り消されてしまいます。自らの行為が強迫に該当しないかチェックすることが大切です。

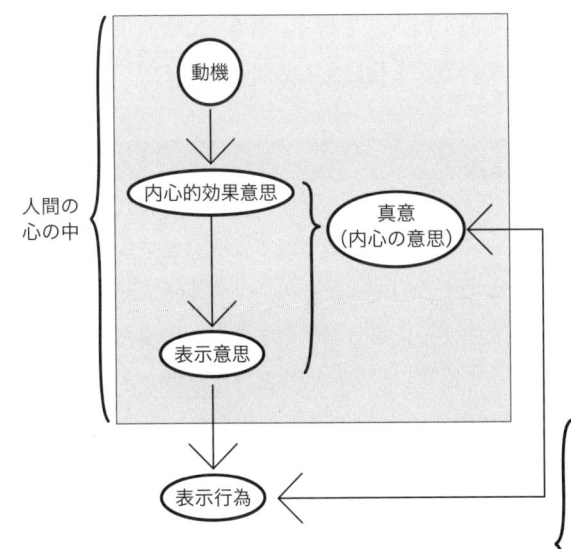

```
人間の心の中
  動機
   ↓
  内心的効果意思   真意(内心の意思) ← 内心の意思と表示行為の不一致の場合
                              ⇒意思の不存在として意思表示は
                                無効となる
   ↓
  表示意思
   ↓
  表示行為 ←────────── 内心の意思と表示行為の一致の場合
                     (外部からの圧力あることにより
                      一致している場合)
                     ⇒瑕疵ある意思表示として意思表示は
                       取消可能となる

                     (外部からの圧力なく一致している場合)
                     ⇒有効な意思表示となる
```

人間の意思形成過程

3-08 効力発生要件

1 効力発生要件

発生した契約について、当事者である本人が代理人を立てて相手方と交渉し契約を成立させたという場合には、代理の効果が本人に帰属しているかを検討する必要があります。

2 任意代理

各個人は、自らの自由意思に基づいて、取引をする際、その行為をすべて自らでするのでは、その活動の範囲におのずと限界が生じます。ですから、自分の信用する人を代理人とし、その人の行為によって直接に自分の法律関係を処理できれば、個人の活動範囲は無限に広がることになります。そこで、民法は、一定の要件をみたせば、本人の代わりに代理人が意思表示をできるものとしました。これを任意代理といいます。

一定の要件を満たしていなければ、本人に効果は帰属しないので、リスクマネジメントの観点からは、任意代理の場合には、かならず代理要件をみたしてるかどうかを確認する必要があります。

3 法定代理

法律上制限能力者となっている者は、法律行為をしても取消可能となってしまうため、代わりに完全な意思表示をできる者

が法律上定められています。このように、民法は法律で定めた者を代理人とし、本人の代わりに代理人が意思表示をできるものとしました。これを法定代理といいます。

　法律上の代理人となっていなければ、本人に効果は帰属しないので、リスクマネジメントの観点からは法定代理の場合、かならず法律に定められた代理人に該当しているかを確認する必要があります。

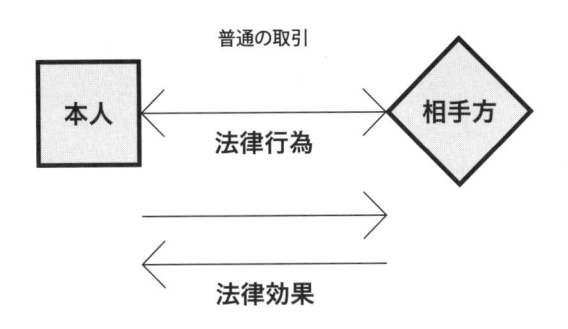

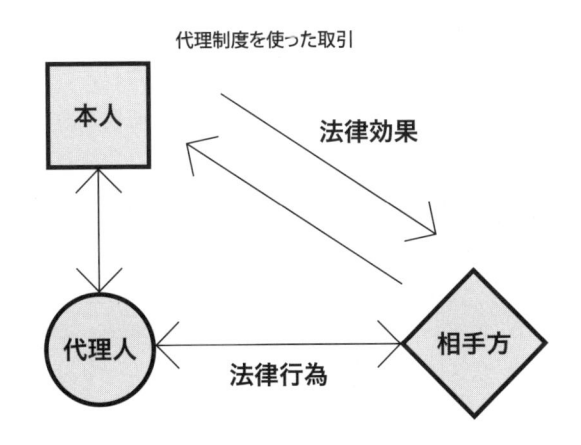

普通の取引

本人 ←法律行為→ 相手方

法律効果

代理制度を使った取引

本人

代理人 ←法律行為→ 相手方

法律効果

代理制度のまとめ

	定義	趣旨
任意代理	代理人を使い、経済活動の範囲を広げるために、本人が任意で行う代理	私的自治の拡張
法定代理	単独で確定的意思表示を行えない者の救済のため、法律で定められた代理	私的自治の補充

3-09 代理の要件

1　代理の成立要件

Point
代理の成立要件
①代理権の存在
②顕名の存在
③代理行為の存在
の３つがあります。

　そもそも、代理人を立てて契約を成立させたいという場合には、その代理自体が有効に成立していなければなりません。代理が有効に成立するためには、①代理権の存在、②顕名の存在、②代理行為の存在の３つが要件となります。

　代理が成立するためには、原則としてこの３つの要件をすべて備えていなければならないので、もし代理人を使う必要がある場合には、リスクマネジメントの観点から、かならずこの３要件を充たしているかをチェックする必要があります。さらに、もしそれらの要件が欠けていたら、どんな損害が発生する可能性があるのかを予測しておく必要があります。

2　代理の成立要件１　代理権の存在

　代理権は本人と代理人との間の代理権授与行為によってなされます。代理権授与の方式は法律上決まっておらず、口頭でもかまいませんし、明示または黙示でもかまいません。通常は、後に争いとなった場合に、証拠書類となることから、代理権授与行為の際に委任状の交付が行われることが多いです。この際、受任者や委任事項を空欄にした白紙委任状を用いてもかまいませんが、この場合には交付者の意思に反して濫用される可能性もあるので注意をする必要があります。

　代理人は本人から付与された代理権の範囲内で代理行為をし

なければなりません。もし、代理人が本人から付与された代理権の範囲外で代理行為をした場合には、その代理行為は無権代理行為として本人に効果が帰属しないものとなります。

③ 代理の成立要件2　顕名の存在

　代理行為は代理人が相手方に対して本人のためにすることを示して意思表示をすることが必要です。これを顕名といいます。顕名の方式は法律上決まっていませんが、通常は「本人●●代理人■■」と記載することが多いです。日本では契約の締結には印鑑が用いられるので、代理人が代理をするにあたって代理人の氏名を表示しないで本人の印鑑を用いて本人名義で行為をすることが慣行としてありますが、この場合、代理人が与えられた代理権の範囲内で代理行為をしているのであれば、有効な代理であると解されています。

> **Point**
> 民法上の代理の場合には顕名が必要ですが、商法上の代理の場合は顕名は不要です。

　もし、代理人が顕名をしなかった場合、原則として代理の効力は発生しません。ただし、相手方が、代理人の代理行為のときに、代理人の意思表示が本人のためになされたことを知っている場合や知ることが可能であった場合には、例外として代理の効力が発生します。

　また、代理人が商行為の代理人である場合に代理人が顕名をしなかった場合、代理の効力は発生します。これは商行為の企業的性格に由来するものです。

④ 代理の成立要件3　代理行為の存在

　代理人は本人の代理人として意思表示をし、相手方から意思表示を受領することが必要です。代理人のする行為はあくまでも本人のためにするものなので、本人の利益になるものであることが前提となりますが、もし、代理人が私利を図る目的など、本人の利益になることを意図しないで代理行為を行った場

合には、代理権の濫用による代理行為といわれます。この場合には、原則として代理は有効になります。ただし、例外として、相手方が代理人の私利を図る意図を知っていた場合または知ることが可能であった場合には、その代理行為は無効となります。

　また、代理行為の際の意思表示についてなんらかの問題があった場合、たとえば心裡留保や通謀虚偽表示や錯誤や詐欺や強迫があった場合、それは原則として代理人の意思表示で判断をします。ただし、例外として、特定の法律行為をすることを本人から委託された場合で、代理人が本人の指図に従ってその行為をしたときは本人について判断をします。

① 代理権の存在　　② 顕名の存在　　③ 代理行為の存在

代理の成立要件

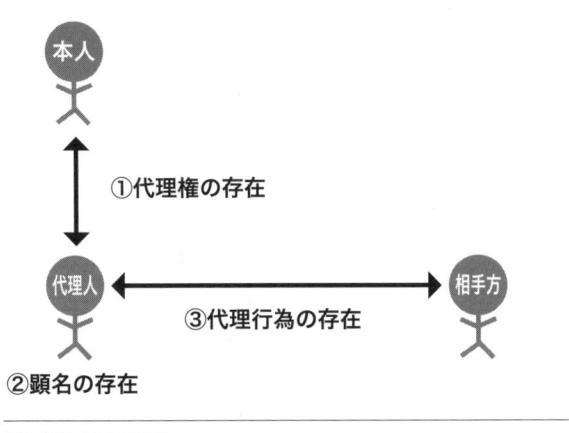

```
         本人
          ☖
          ↕   ①代理権の存在
          
         代理人 ←――――――→ 相手方
                ③代理行為の存在

   ②顕名の存在
```

代理行為の三者関係

3-10 無権代理の場合
（本人の取り得る手段）

1　無権代理とは

> **Point**
> 無権代理の場合には原則として本人に効果が帰属しませんが、相手方の対応によっては本人に効果が帰属するリスクもあります。早期確定のために先手を打つことがリスクマネジメントとなりますので早めの追認か追認拒絶かの意思表示をしましょう。

　代理人が本人からなんらの代理権を付与されていなかった場合や、代理人が本人から付与された代理権の範囲を逸脱していた場合には、それは無権代理となります。無権代理の場合には原則として本人に効果が帰属しません。

　ただし、無権代理行為があった場合、本人と相手方は一定の行為をすることができます。リスクマネジメントの観点からは、無権代理の場合に、さまざまな主張をされないようにするため、事前になにをしておくべきかを備えておくため、法律ではどんな規定になっているのかを心得ておくことが必要です。

　ですから、もし、無権代理があった場合に自分が本人の立場であったら相手方になにを主張することができるのか、相手方からなにを主張されるおそれがあるのか。また、自分が相手方の立場であったら、本人になにを主張することができるのか、本人からなにを主張されるおそれがあるのか、理解しておくことが代理を考える上でのリスクマネジメントとなります。

2　本人が取りうる手段

　無権代理行為があった場合、本人は無権代理行為について、追認することもできますし、追認拒絶することもできます。追認した場合には、無権代理人が行った行為の効果は本人に効果が帰属することとなります。追認拒絶した場合には、無権代理

人が行った行為の効果は本人に帰属しません。

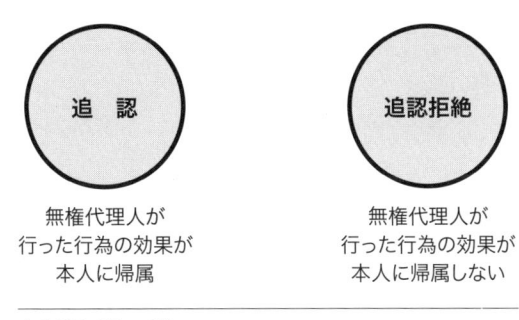

追認
無権代理人が
行った行為の効果が
本人に帰属

追認拒絶
無権代理人が
行った行為の効果が
本人に帰属しない

本人が取り得る手段

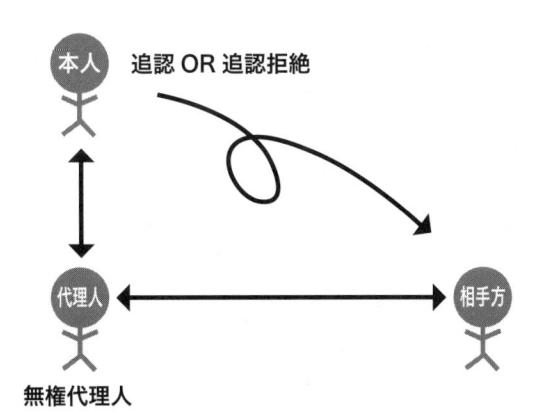

本人 — 追認 OR 追認拒絶 →

代理人 ⇔ 相手方

無権代理人

3-11 無権代理の場合
（相手方の取り得る手段）

Point
無権代理の場合には相手方が取り得る手段は
①催告
②取消
③無権代理人への責任追及
④表見代理の主張
の4つがあります。

　無権代理行為があった場合、相手方は催告、無権代理行為の取消、無権代理人の責任追及、表見代理の主張をすることができます。ただし、相手方は一定の要件を満たしていないとできないものもあります。リスクマネジメントの観点としては相手方がどんな条件を備えているのか、どんな主張をされるのか、あらかじめおさえておくことが、リスクの回避となります。

1　催告

　催告とは、無権代理行為の相手方が本人に無権代理行為を追認するか追認拒絶するかをたずねることをいいます。
　相手方からの催告の結果、本人から追認する。または追認拒絶するなどの確答があれば、その確答どおりの効果になります。しかし、相手方が催告をしたにもかかわらず本人から確答がない場合には、追認拒絶とみなされます。
　また、相手方が催告をする場合には、相手方は代理人が無権代理人であるということを知っている場合でも（＝悪意）、知らない場合（＝善意）でもすることができます。

2　取消

　取消とは、無権代理行為の相手方が無権代理人となした契約を取り消すことをいいます。この場合には本人には効果帰属しません。相手方が取消をする場合には、相手方は代理人が無権代理人ということを知らない場合（＝善意）にのみすることが

3 無権代理人への責任追及

相手方は、無権代理行為が本人に効果帰属しない場合、無権代理人に対して契約内容の履行または損害賠償を請求することができます。相手方が、無権代理人にこのような責任を追及する場合には、相手方は代理人が無権代理人ということを知らない場合（＝善意）であって、かつ知らないことに過失がない場合（無過失）に限ります。

> **Point**
> 相手方が取り得る手段は相手方の主観によって変わってきます。リスクマネジメントの観点からどの場合にどのような主張をされるか、あらかじめおさえておきましょう。

4 表見代理の主張

相手方は、無権代理行為が本人に効果帰属しない場合、表見代理の要件を満たしていれば、表見代理を主張することにより本人に効果を帰属させることができます。この場合、相手方は、代理人が無権代理人ということを知らない場合（＝善意）であって、かつ知らないことに過失がない場合（無過失）に限ります。

相手方がとり得る手段

	相手方悪意	相手方善意有過失	相手方善意無過失
催告	○	○	○
取消	×	○	○
無権代理人の責任追及	×	×	○
表見代理の主張	×	×	○

3-12 表見代理

１ 表見代理とは

> **Point**
> 表見代理には
> ①代理権授与表示による表見代理
> ②権限外の行為の表見代理
> ③代理権消滅後の表見代理
> の３つがあります。

　表見代理とは、代理権を有しない者が取引をしたときに、一定の要件をみたしていれば本人に効果を帰属させる制度です。表見代理には代理権授与表示による表見代理と、権限外の行為の表見代理と、代理権消滅後の表見代理の３つがあります。

　代理権がないにもかかわらず本人に効果を帰属させることになるので、どんな条件があれば表見代理が成立するのかをあらかじめおさえておくことにより、発生し得るリスクを回避することができます。

２ 代理権授与表示による表見代理

　代理権を与えていないにもかかわらず、他人に代理権を与えた旨を相手方に対して表示し、その代理権を信じた相手方がいる場合、相手方が代理権授与表示による表見代理を主張すれば、本人に効果が帰属します。代理権授与表示による表見代理が成立するためには、①本人から相手方に対して本来は代理権を付与していないにもかかわらずある者に代理権を与えた旨の表示をしたこと、②無権代理人が表示された代理権の範囲内で無権代理行為をしたこと、③相手方が善意・無過失であることの３つの要件をすべて満たしていなければなりません。

③ 権限外の行為の表見代理

　代理人がその与えられた代理権を超えて代理行為をした場合、その代理行為が本人から付与された代理行為の範囲内と信じていた相手方がいる場合、相手方が権限外の行為の表見代理を主張すれば、本人に効果が帰属します。権限外の行為の表見代理が成立するためには、①本人から相手方に対して基本代理権を付与していること、②無権代理人が付与された代理権の範囲外で無権代理行為をしたこと、③相手方が善意・無過失であることの3つの要件をすべて満たしていなければなりません。

④ 代理権消滅後の表見代理

　本人から付与された代理権が消滅したにもかかわらず、今も代理人に代理権が存在するかのような外観がある場合、相手方が代理権消滅後の表見代理を主張すれば、本人に効果が帰属します。代理権消滅後の表見代理が成立するためには、①本人から相手方に対してかつて代理権が付与されていたこと、②無権代理人が付与された代理権の範囲内で無権代理行為をしたこと、③相手方が善意・無過失であることの3つの要件をすべて満たしていなければなりません。

表見代理

種　類	要　件	効　果
代理権授与表示による表見代理	①本人から相手方に、代理人への代理権授与表示。 ②代理人が、表示された代理権の範囲内で代理行為。 ③相手方が、無権代理につき善意無過失。	本人に効果帰属
権限外の行為の表見代理	①本人から代理人に、基本代理権の授与あり。 ②代理人が基本代理権の範囲外で代理行為。 ③相手方が、無権代理につき善意無過失。	本人に効果帰属
代理権消滅後の表見代理	①本人から代理人にかつて代理権付与。 ②代理人が、かつての代理権の範囲内で代理行為。 ③相手方が、無権代理につき善意無過失。	本人に効果帰属

3-13 効果帰属要件

Point
期限は将来発生すること。確実な事実につける付款です。

契約の効果が発生するために、なにかしらの条件や期限がついている場合には、その条件や期限が実現しなければ契約の効果が発生しません。契約を締結する場合には、この条件や期限がついているかを注意しなければなりません。なぜならこの条件や期限がこない限りは効果が発生しないからです。つまり、契約の代金債権を回収する場合などにダメージをうける可能性がありますので、特に不確定な事実にかからせる特約がついている場合に注意しておくことがリスク回避上必要となります。

① 期限

期限とは、契約の効力が将来発生することが確実な事実にかからせる特約のことを言います。そして、将来発生する時期が確定していない期限を不確定期限、将来発生する時期が確定している場合を確定期限といいます。そして、効力の発生に関してつけられる期限を始期、効力の消滅に関してつけられる期限を終期といいます。

たとえば、父親の来年の誕生日がきたら父親は息子に車を譲渡するという場合には、この「来年の誕生日がきたら」という期限は確定期限といいます。また、母親が死亡したら父親は息子に車を譲渡するという場合には、この「母親が死亡したら」という期限は不確定期限といいます。

❷ 条件

　条件とは、契約の効力が将来発生することが不確実な事実にかからせる特約のことをいいます。そして、成就によって効力が発生する条件を停止条件といいます。成就によって効力が消滅する条件を解除条件といいます。
　たとえば、借金が返済できない場合には家の所有権を移転するという場合は、この「借金が返済できない場合には」という条件は停止条件といいます。

> **Point**
> リスクの大きさ
>
> 条件（リスク大）
> ↑
> 不確定期限（リスク中）
> ↑
> 確定期限（リスク小）

期限・条件まとめ

期限	確定期限	始期	：効力発生
将来発生確実	到来時期確実	終期	：効力消滅
	不確定期限	始期	：効力発生
	到来時期不確実	終期	：効力消滅
条件 将来発生不確実		停止条件：効力発生	
		解除条件：効力消滅	

第 4 章

契約交渉過程

4-01 取引交渉時に取り決めておくべき事項

　私的自治の原則の支配する法制度において、契約内容は、強行法規に反しない限り、当事者の自由に契約内容を決定することができます。

　したがって、当事者がある契約を締結する際に、当事者間で特別の条項を合意していたのであればその条項が優先します。しかし、もし特別の合意を設けていなかったのであれば、その当事者間の契約には法律の規定が適用されることとなります。このため、契約のように事前に定めておくことができるものに関しては、リスクマネジメントの観点からもできる限り当事者間で合意を取付けておくことが望ましいといえます。

　このため、取引を win-win に成立させるためには、どのような特約を設けたほうがよいのか、また、もし特約を設けなかった場合には、当事者はどのような法律上の規定に拘束されるかを事前に心得ておかなければなりません。

　契約において、事前に検討しておくべき合意内容としては、①売買の目的物の質に関する事項、②弁済に関する事項（弁済の提供場所・弁済の提供時期・弁済の提供方法）、③費用の負担に関する事項、④所有権が移転する場合には権利の移転時期に関する事項、⑤目的物を引き渡す場合には瑕疵担保責任に関する事項、⑥不可抗力について危険の移転時期に関する事項、⑦債務者に帰責性がある場合に関する事項、⑧債権者に帰責性がある場合に関する事項、⑨損害賠償に関する事項、⑩解除に関する事項が挙げられます。

　また、契約に定めなかった事項について疑問が生じた場合いかに処理するかの協議事項の有無や、さらに、訴訟になった場

> **Point**
> 取引交渉の際にできるだけ当事者間で契約内容を話しあうことがお互いのリスク回避となります。

合の管轄裁判所や準拠法に関する事項の有無なども検討しておく必要があります。

さらに、場合によっては、債権が回収できなかった場合にどうするか（債権担保を事前につけておくか）についても、契約と同時に交渉をしておく必要があります。

取引交渉時に取決めておくべき事項

		当事者間で合意なし	当事者間で合意あり
売買の目的物の質		特定物　：現状（民法483条） 不特定物：中等物（民法401条）	当事者間の合意内容による
引渡目的物	引渡場所	特定物　：目的物が存在した場所（民法484条） 不特定物：債権者の現在の住所（民法484条） その他の弁済：債権者の現在の住所（民法484条）	当事者間の合意内容による
	引渡時期	債権者から履行の請求をうけたとき（民法412条）	当事者間の合意内容による
	引渡条件	債権の本旨に従った方法（民法493条）	当事者間の合意内容による
代金	支払場所	支払が目的物の引渡と同時の場合 　⇒目的物引渡場所（民法574条） 支払が目的物の引渡と同時でない場合 　⇒債権者の現在の住所（民法484条）	当事者間の合意内容による
	支払時期	債権者から履行の請求を受けたとき（民法412条）	当事者間の合意内容による
	支払条件	債権の本旨に従った方法（民法493条）	当事者間の合意内容による
費用負担		契約費用⇒558条 弁済費用⇒485条	当事者間の合意内容による
所有権	移転時期	特定物　：契約効力発生時（176条）（最判S33.6.20） 不特定物：特定時（176条）	当事者間の合意内容による
危険	移転時期	債権者主義（534条） 債務者主義（536条）	当事者間の合意内容による
瑕疵担保		特定物：570条　⇒483条により現状引渡 不特定物：なし　⇒401条により完全調達義務	当事者間の合意内容による

4-02 目的物の質に関する事項

Point
当事者の紛争リスク回避のため目的物の質について合意をとりつけることはリスクマネジメントの観点から重要です。

① 品質（不特定物）

●民法第 401 条
債権の目的物を種類のみで指定した場合において、法律行為の性質または当事者の意思によってその品質を定めることができないときは、債務者は中等の品質を有するものを給付しなければならない。

② 品質（特定物）

●民法第 483 条
債権の目的が特定物の引渡しであるときは、弁済をする者は、その引渡をすべきときの現状でその物を引き渡さなければならない。

　目的物を引き渡す債務の場合、その物が特定物か不特定物かでどのような品質の物を渡さなければいけないかの定めが民法では異なっています。民法上では、特定物の場合には現状で引き渡すものとされています。不特定物の場合には、中等物を引き渡すものとされています。

　契約締結の際に、当事者が引渡目的物の品質についてなんらの合意をしなかった場合には、この条文が適用されます。このため、民法の規定に従わない引渡目的物の品質の指定をしたい場合には、契約当事者間で引渡目的物の品質に関してなんらかの合意をすることが必要になります。リスクマネジメントの観点からは品質について合意をしておくことが望ましいといえます。

	引渡時の状態
特定物	現状
不特定物	中等

債権の目的物による引渡時の状態

3 不特定物を特定する

●民法第401条
①債権の目的物を種類のみで指定した場合において、法律行為の性質または当事者の意思によってその品質を定めることができないときは、債務者は中等の品質を有するものを給付しなければならない。
②①の場合において、債務者が物の給付をするのに必要な行為を完了し、または債権者の同意を得てその給付すべきものを指定したときは以後その物を債権の目的物とする。

　民法上では、不特定物を引渡目的物としている場合に、目的物の引渡債務者が物の給付をするために必要な行為を完了した場合、または債権者の同意を得て給付すべき物を指定したとき、その不特定物は特定されますので、今後はその現状で引き渡せばよいということになります。

　目的物の引渡債務者が物の給付をするために必要な行為を完了した場合とは、「履行場所で目的物の引渡しに関する債権者が受け取ろうと思えば受け取れる状態に物を置いた時点」となります。

　契約締結の際に、引渡目的物が不特定物であった場合、当事者がその特定時期になんらの合意をしなかった場合には、この条文が適用されます。このため、民法の規定に従わない特定時期の指定をしたい場合には、契約当事者間で特定時期に関してなんらかの合意をすることが必要になります。リスクマネジメントの観点からは、特定について合意をしておくことが望ましいといえます。

> **Point**
> 当事者の紛争リスク回避のため不特定物が目的物の内容となっているときには特定の方法について当事者で合意をとりつけることが必要です。

4-03　弁済に関する事項

① 弁済の提供

●民法第492条
債務者は弁済の提供の時から債務の不履行によって生ずべき一切の責任を免れる。

　民法では、契約が成立した後、債務者が弁済の提供をした時から、債務者は債務の不履行によって生ずる一切の責任を免れることができると定められています。ですから、債務者としては「弁済の提供」さえ行っておけば債務不履行責任を問われることはないということを意味します。

　双務契約の場合、目的物の引渡または役務の提供の他に代金や報酬の支払に関する弁済があります。したがって、契約を締結する場合には、引渡や役務の提供に関する弁済のほかに、代金や報酬の支払に関する弁済について検討する必要があります。

　リスクマネジメントの観点からは、債務者は何をもって弁済の提供とするとしているかを当事者間で合意をしておくことが望ましいといえます。

> **Point**
> 弁済の提供という条文は非常にあいまいな定義となっています。当事者の紛争リスク回避のため弁済に関する事項につき合意をとりつけておくことがリスクマネジメントとなります。

② 債務の本旨

●民法第493条
弁済の提供は、債務の本旨にしたがって現実にしなければならない。

民法では、債務者が弁済の提供をするときには、債務の本旨にしたがって行わなければならないと定められています。債務の本旨にしたがってとは、「法律の規定・契約の趣旨・取引慣行などに従った適切な方法」を意味します。

　契約締結の際に、弁済の提供についてなんらの合意をしなかった場合には、この条文が適用されます。このため、民法の規定に従わない弁済の提供をしたい場合には、契約当事者間で弁済の提供に関してなんらかの合意をすることが必要になります。

③ 事前に考慮すべき場所・時期・方法

　弁済の提供については、弁済の提供場所・弁済の提供時期・弁済の提供方法の3点を事前に考えておく必要があります。もし、目的物の引渡（または役務の実行）に関して、場所・時期・方法を考えておかなければ、民法上の規定に従うことになります。もし、代金や報酬の支払に関して、場所・時期・方法について合意をしていなかった場合には、民法の規定に従うこととなります。

　契約上のリスクを回避し、自己に有利な契約を締結するためには、当事者同士で弁済の提供についての合意をしておくことが望ましいのは言うまでもありません。

> **Point**
> 弁済に関する提供につき検討するのは
> ①場所
> ②時期
> ③方法
> の3点です。

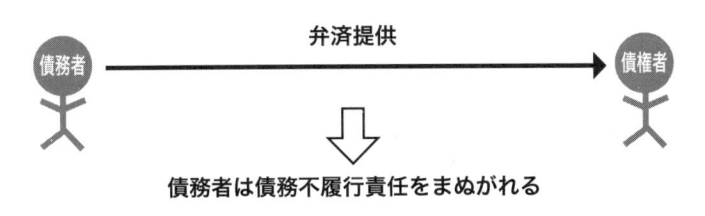

債務者 — 弁済提供 → 債権者

⇓

債務者は債務不履行責任をまぬがれる

弁済に関する事項

4-04 目的物の引渡に関する事項（引渡場所）

1　目的物引渡場所

● 民法第484条
　弁済をすべき場所について別段の意思表示がないときは、特定物の引渡は債権発生の時にその物が存在した場所において、その他の弁済は債権者の現在の住所においてそれぞれしなければならない。

> **Point**
> 民法においては弁済内容が特定物かそれ以外かで場所が定められています。

　民法においては、債務者の弁済内容が目的物（特定物）の引渡の場合は、債権発生時にその物が存在した場所を弁済場所としています。

　これに対して、債務者の弁済内容が目的物（不特定物）の引渡の場合は、債権者の現在の住所を弁済場所としています。

　そして、債務者の弁済内容が目的物（特定物）の引渡以外の場合（役務の提供など）には、債権者の現在の住所を弁済場所としています。

　もし、AとBで売買契約を締結する際に、AとBの当事者間で、「契約目的物の引渡場所は売主の住所とする」という合意に至った場合には、その契約目的物が特定物であろうが、不特定物であろうが、引渡は売主の住所でなされます（このように、債務者の住所で弁済をなす債務を取立債務といいます）。

　また、AとBの当事者間で、「契約目的物の引渡場所は買主の住所とする」という合意に至った場合には、その契約目的物が特定物であろうが、不特定物であろうが、引渡は買主の住所でなされます（このように、債権者の住所でなす債務を持参債務といいます）。

　そして、AとBの当事者間で「契約目的物の引渡場所はCの

住所とする」という合意に至った場合には、その契約目的物が特定物であろうが、不特定物であろうが、引渡はＣの住所でなされます。

　これに対して、もしＡとＢで特定物の売買契約を締結する際に、ＡとＢの当事者間で引渡場所についてなんらの合意を取り決めなかった場合には、民法の条文が適用されるので、契約目的物の引渡場所は、契約を締結したときにその特定物が存在した場所ということになります。そして、もしＡとＢで不特定物の売買契約を締結する際にＡとＢの当事者間で引き渡し場所についてなんらの合意を取り決めなかった場合には、この民法の条文が適用されるので、契約目的物の引渡場所は、目的物引渡に関する債権者の住所が引渡場所となります。売買契約の場合には、買主の住所が引渡場所となるということです。

　したがって、契約を締結する際に、目的物の引渡場所についてなんらの合意をしなかった場合には、この条文が適用されます。このため、民法の規定に従わない弁済場所の指定をしたい場合には、契約当事者間で弁済場所に関してなんらかの合意をすることが必要になります。リスクマネジメントの観点からは、目的物の引渡場所に関しては合意を取り決めておくことが望ましいものとなります。

> **Point**
> 後の紛争リスク回避のために引渡場所を定めておくことがリスクマネジメントとなります。

民法の定め

弁済内容	特定物の引渡	債権発生の時にその物が存在した場所
	特定物の引渡以外（金銭引渡・役務）	債権者の現在の住所

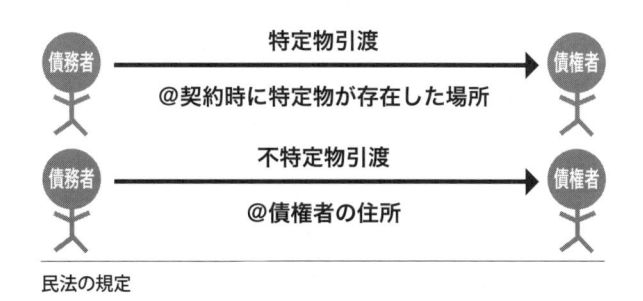

債務者 → 特定物引渡 → 債権者
＠契約時に特定物が存在した場所

債務者 → 不特定物引渡 → 債権者
＠債権者の住所

民法の規定

4-05 目的物の引渡に関する事項（引渡時期）

1 引渡時期

●民法第412条
①債務の履行について確定期限があるときは、債務者はその期限の到来したときから遅滞の責任を負う。
②債務の履行について不確定期限があるときは、債務者はその期限の到来したことを知った時から遅滞の責任を負う。
③債務の履行について期限を定めなかったときは、債務者は履行の請求を受けた時から遅滞の責任を負う。

> **Point**
> 民法では引渡時期を定めなかったときは債権者から履行請求を受けたときと定められています。

　民法においては、弁済時期を定めた場合には、定めた時期が確定期限であれば、債務者はその期限の到来したときが債務者の債務の弁済時期となると定められています。そして、定めた時期が不確定期限であれば、債務者はその期限の到来したことを知ったときが債務者の債務の弁済時期となると定めています。もし、弁済時期を定めなかったときは、債務者は債権者から履行の請求を受けた時が、債務者の債務の弁済時期となると定められています。

　たとえば、AとBで売買契約を締結する際に、AとBの当事者間で、「契約目的物の引渡時期は2008年7月7日とする」という合意に至った場合には、引渡時期は2008年7月7日となります。また、AとBの当事者間で、「契約目的物の引渡し時期はAの父親が死亡したときとする」という合意に至った場合には、引渡時期は債務者がAの父親が死亡したことを知ったときとなります。

　これに対し、AとBで売買契約を締結する際に、AとBの当事者間で、契約目的物の引渡時期についてなんらの合意を定め

ていなかった場合には、債権者が債務者に目的物の引渡を請求した時となります。ただし、消費貸借の場合には、債権者が目的物の引渡（＝返済）を請求したときから相当期間経過後となります。たとえば、Aが売主でBが買主とする車の売買契約を締結した場合、もし車の引渡時期についてAとBの間でなんらの合意をしていなかった場合には、BがAに対して車の引渡を請求した時になりますので、もしAが請求時に車を引き渡すことができなければ、Aは債務不履行となってしまいます。ですから、引渡時期について合意を取り付けておくことはリスクマネジメントの観点からは非常に重要となります。

このように、目的物引渡時期について、当事間でなんらの合意をしなかった場合には、この条文が適用されます。このため、民法の規定に従わない弁済時期の指定をしたい場合には、契約当事者間で弁済時期に関してなんらかの合意をすることが必要になります。

> **Point**
> 履行遅滞のリスク回避のために引渡時期を必ず確認することが当事者双方のリスクマネジメントとなります。

●当事者の合意なし

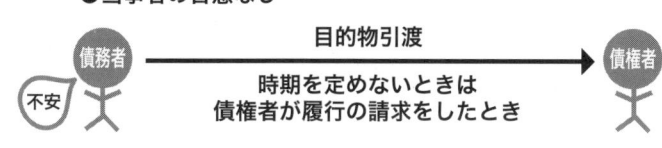

債務者 → 目的物引渡 → 債権者
時期を定めないときは
債権者が履行の請求をしたとき
（不安）

●当事者の合意あり

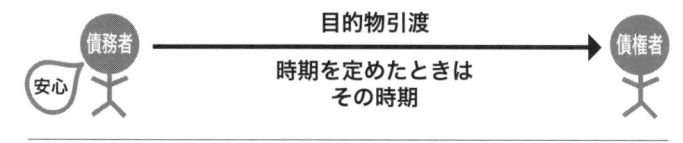

債務者 → 目的物引渡 → 債権者
時期を定めたときは
その時期
（安心）

民法の規定

4-06 目的物の引渡に関する事項（引渡方法）

● 民法第493条
弁済の提供は、債務の本旨にしたがって現実にしなければならない。ただし、債権者があらかじめその受領を拒みまたは、債務の履行について債権者の行為を要するときは、弁済の準備をしたことを通知してその受領の催告をすれば足りる。

1 目的物引渡方法

Point
持参債務の場合は現実の提供となります。

民法においては、債務者の債務を債権者の住所まで債務者が持参する債務（＝持参債務）の場合には、債務者は弁済の提供として「現実の提供」をするものと定められています。現実の提供とは、債務の本旨にしたがって、▽準備（＝債権者が給付を受領する以外にはなにもしなくてもよいほどに準備をすること）▽通知（＝いつでも受領できる旨を伝えること）▽持参（＝給付を受領できる状態にすること）の3つを行うことです。

Point
取立債務の場合は口頭の提供となります。

これに対し、債務者の債務が債務者の住所まで債権者が取り立てに来る債務（＝取立債務）の場合には、債務者は弁済の提供として口頭の提供でもよいと定められています。口頭の提供とは、債務の本旨にしたがって▽準備（債権者の協力行為があればただちに履行できる程度の準備をすること）▽通知（いつでも受領できる旨を伝えること）の2つを行うことです。

また、債務者の債務が債権者の住所まで債務者が持参する債務の場合であっても、その目的物の引渡方法は債務者が目的物を引き渡そうとしているのに債権者が受領を拒否する場合には、口頭の提供でもかまわないと定められています。

たとえば、AとBで売買契約を締結する際に、売主Aと買主Bの当事者間で「契約目的物の引渡場所は債権者の住所とする」と定めた場合には、売主Aは目的物を準備して、Bに通知して、Bの住所に持参することがAの目的物引渡し債務の弁済方法となります。

これに対し、売主Aと買主Bの当事者間で「契約目的物の引渡場所は債務者の住所とする」と定めた場合には、売主Aは目的物を準備して、Bに通知して、Bの取立てを待つことがAの目的物引渡債務の弁済方法となります。また、AとBで売買契約を締結する際に、売主Aと買主Bの当事者間で「契約目的物の引渡場所は債権者の住所とする」と定めた場合に、買主Bが目的物の受領を拒否する場合には、売主Aは目的物を準備して、Bに通知しただけでAの目的物引渡債務の弁済方法となります。

契約締結の際に、引渡場所を定めていたとしても引渡方法についてなんらの合意をしなかった場合には、この条文が適用されます。このため、民法の規定に従わない目的物引渡方法の指定をしたい場合には、契約当事者間で目的物引渡方法に関してなんらかの合意をすることが必要になります。

> **Point**
> 当事者間でどんな方法で引渡すかをあらかじめ定めておくことが後の紛争を回避するリスクマネジメントとなります。

引渡場所について持参債務の定めがある債務	**現実の提供** 債務の本旨にしたがって、準備（債権者が給付を受領する以外にはなにもしなくてもよいほどに準備）・通知（いつでも受領できる旨を伝える）・持参（給付を受領できる状態）
引渡場所について取立債務の定めがある債務	**口頭の提供** 債務の本旨にしたがって、準備（債権者の協力行為があればただちに履行できる程度の準備）・通知（いつでも受領できる旨を伝える）

引渡債務の弁済の提供の方法

4-07 代金の支払に関する事項（支払場所）

代金の支払については場所・時期・条件を考えておく必要があります。

1 代金支払場所

> ●民法第484条
> 弁済をすべき場所について別段の意思表示がないときは、特定物の引渡は債権発生の時にその物が存在した場所において、その他の弁済は債権者の現在の住所においてそれぞれしなければならない。

Point
代金支払場所に関して民法は債権者の住所と定めています。

民法においては、弁済内容が目的物（特定物）の引渡以外の場合には、債権者の現在の住所を弁済場所としています。つまり、債務者の弁済内容が代金支払の場合にはこれに含まれます。ですから民法において代金債務は債権者の現在の住所を支払場所としています。

たとえば、AとBで売買契約を締結する際に、売主Aと買主Bの当事者間で「代金の支払場所は売主の住所で行うものとする」と定めた場合には、Bの代金債務の支払場所はAの住所ということになります。

また、AとBで売買契約を締結する際に、売主Aと買主Bの当事者間で「代金の支払場所は買主の住所で行うものとする」と定めた場合には、Bの代金債務の支払場所はBの住所ということになります。

そして、AとBで売買契約を締結する際に、売主Aと買主Bの当事者間で代金の支払場所について、AとBの当事者間でなんらの合意を取り付けなかった場合には、Bの代金債務の支払

場所はAの現在の住所ということになります。

契約締結の際に、代金支払場所についてなんらの合意をしなかった場合には、この条文が適用されます。このため、民法の規定に従わない代金支払場所の指定をしたい場合には、契約当事者間で弁済場所に関してなんらかの合意をすることが必要になります。

> **Point**
> 後の紛争リスク回避のために当事者間で支払場所につき合意をとりつけておくことがリスクマネジメントでは重要です。

2 代金支払場所に関する特則

> ●民法第574条
> 売買の目的物の引渡と同時に代金を支払うべきときは、その引渡の場所において支払わなければならない。

民法においては、「代金支払時期を目的物の引渡と同時」と当事者間で定めたとき、または法律上の規定で目的物の引渡と同時となるときには、代金は目的物引渡場所にて支払うこととされています。

たとえば、AとBで売買契約を締結する際に、売主Aと買主Bの当事者間で「代金の支払は目的物の引渡と同時に行うものとする」と定めた場合には、Bの代金債務の支払場所は目的物の引渡時期と同じということになります。したがって、この場合には目的物の引渡時期をチェックしておく必要があります。

契約締結の際に、弁済場所になんらの合意をしなかった場合で、代金支払時期を目的物引渡時と定めた場合には、代金は目的物引渡場所で支払うこととなります。このため、民法の規定に従わない弁済場所の指定をしたい場合には、契約当事者間で弁済場所に関してなんらかの合意をすることが必要になります。

民法の定め

弁済内容	特定物の引渡	債権発生の時にその物が存在した場所
	特定物の引渡以外（金銭引渡・役務）	債権者の現在の住所

4-08 代金の支払に関する事項（支払時期）

① 代金支払時期

●民法第412条
①債務の履行について確定期限があるときは、債務者はその期限の到来したときから遅滞の責任を負う。
②債務の履行について不確定期限があるときは、債務者はその期限の到来したことを知った時から遅滞の責任を負う。
③債務の履行について期限を定めなかったときは、債務者は履行の請求を受けた時から遅滞の責任を負う。

> **Point**
> 民法では代金支払時期を定めなかったときは債務者が代金債権者から履行の請求をうけたときとなります。

民法において、代金支払時期を定めなかったときは、債務者は債権者から履行の請求を受けた時が代金支払時期となると定められています。

契約締結の際に、代金支払時期になんらの合意をしなかった場合には、この条文が適用されます。このため、民法の規定に従わない代金支払時期の指定をしたい場合には、契約当事者間で代金支払時期に関してなんらかの合意をすることが必要になります。

たとえば、AとBで売買契約を締結する際に、売主Aと買主Bの当事者間で、「代金の支払は2008年7月7日とする」という合意に至った場合には、BからAへの代金支払時期は2008年7月7日となります。

また、売主Aと買主Bの当事者間で、「代金支払時期はAの父親が死亡したときとする」という合意に至った場合には、代金支払時期は買主BがAの父親が死亡したことを知ったときと

なります。

　これに対し、AとBで売買契約を締結する際に、AとBの当事者間で、代金支払時期についてなんらの合意を定めていなかった場合には、AがBに代金支払を請求した時となります。たとえば、Aが売主でBが買主とする車の売買契約を締結した場合、もし車の代金支払時期についてAとBの間でなんらの合意をしていなかった場合には、AがBに対して代金支払を請求した時になりますので、もしBがAの請求時に代金を支払うことができなければ、Bは債務不履行となってしまいます。ですから、代金支払時期について合意を取り付けておくことはリスクマネジメントの観点からは非常に重要なこととなります。

> **Point**
> 履行遅滞のリスク回避のためにも代金支払時期を定めておくことはリスクマネジメントにおいて非常に重要です。

② 代金支払期日に関する特則

> ●民法第573条
> 売買の目的物の引渡について期限があるときは代金の支払についても同一の期限を付したものと推定する。

　民法においては代金支払期日について特に規定がない場合には、「売買の目的物の引渡について期限があるときは代金の支払についても同じ期日であると推定される」と定められています。

　たとえばAとBで売買契約を締結する際に、売主Aと買主Bの間で目的物引渡時期を2008年7月7日とすると定めたにもかかわらず、代金支払時期についてなんらの合意がなされていなかった場合、Bの代金支払時期は2008年7月7日と推定されます。

　契約締結の際に、代金支払期日になんらの合意をしなかった場合で、売買目的物の引渡について期日がある場合にはこの条文が適用されます。このため、民法の規定に従わない代金支払期日の指定をしたい場合には、契約当事者間で代金支払期日に関してなんらかの合意をすることが必要になります。

4-09 代金の支払に関する事項（支払方法）

1 代金支払方法

●民法第493条
弁済の提供は、債務の本旨にしたがって現実にしなければならない。ただし、債権者があらかじめその受領を拒みまたは、債務の履行について債権者の行為を要するときは、弁済の準備をしたことを通知してその受領の催告をすれば足りる。

Point
支払方法について当事者間で合意をとりつけておくことが後の紛争回避のためのリスクマネジメントとなります。

民法においては、債務者の債務が債権者の住所まで債務者が持参する債務（＝持参債務）の場合には、債務者は弁済の提供として現実の提供をするものと定められています。現実の提供の内容については4-06を参照してください。

これに対し、債務者の債務が債務者の住所まで債権者が取り立てに来る債務（＝取立債務）の場合には、債務者は弁済の提供として口頭の提供でもよいと定められています。口頭の提供の内容については4-06を参照してください。

また、債務者の債務が債権者の住所まで債務者が持参する債務の場合であっても、債務者が弁済を提供しようとしているのに債権者が受領を拒否する場合には、口頭の提供でもかまわないと定められています。

たとえば、AとBで売買契約を締結する際に、売主Aと買主Bの当事者間で「代金支払場所は債権者の住所とする」と定めた場合には、買主Bは代金を準備して、Aに通知して、Aの住所に持参することがBの代金支払債務の弁済方法となります。

これに対し、売主Aと買主Bの当事者間で「代金支払場所は

債務者の住所とする」と定めた場合には、買主Bは代金を準備して、Aに通知して、Aの取立を待つことがBの代金債務の弁済方法となります。また、AとBで売買契約を締結する際に、売主Aと買主Bの当事者間で「代金支払場所は債権者の住所とする」と定めた場合に、売主Aが代金の受領を拒否する場合には、買主Aは代金を準備して、Aに通知しただけでBの代金債務の弁済方法となります。

契約締結の際に、代金支払方法についてなんらの合意をしなかった場合には、この条文が適用されます。

❷ 支払方法・支払場所の双方の合意がない場合

また、4-07で確認したように、代金支払場所を定めなかった場合には、債権者の現在の住所が弁済場所となります。たとえば、AとBで売買契約を締結する際に、売主Aと買主Bの当事者間で代金の支払場所について、AとBの当事者間でなんらの合意を取り付けなかった場合には、Bの代金債務の支払場所はAの現在の住所ということになります。つまり、持参債務ということです。

このため、民法の規定に従わない代金支払方法の指定をしたい場合には、契約当事者間で代金支払方法に関してなんらかの合意をすることが必要になります。

弁済場所が持参債務の定めがある代金債務	**現実の提供** 債務の本旨にしたがって、準備（債権者が給付を受領する以外にはなにもしなくてもよいほどに準備）・通知（いつでも受領できる旨を伝える）・持参（給付を受領できる状態）
弁済場所が取立債務の定めがある代金債務	**口頭の提供** 債務の本旨にしたがって、準備（債権者の協力行為があればただちに履行できる程度の準備）・通知（債権者がいつでも受領できる旨を伝える）

代金債務の弁済の提供の方法

4-10 費用負担に関する事項

1 契約に関する費用

> ●民法第558条
> 売買契約に関する費用は当事者双方が等しい割合で負担する。

Point
契約費用は実務も折半なのでさほど問題ありませんが、もし当事者のどちらかに負担させたい場合は必ず合意を取り付けるようにしましょう。

　民法では、売買契約の締結に関する費用（たとえば契約書作成費用、公正証書作成手数料、目的物評価費用、測量費用、登記費用、周旋費用などがありますが）は当事者、すなわち売主と買主が折半するものと定められています。売買契約の条文は他の双務契約に準用されるので、売買契約以外の双務契約の場合、たとえば請負契約や賃貸借契約の場合も契約費用は当事者間で折半されます。

　たとえば、AとBで売買契約を締結する際に、売主Aと買主Bの間で「売買契約の締結に関する費用は売主が負担するものとする」という合意を取り付けていた場合、契約に関する費用は売主Aが負担することになります。また、売主Aと買主Bの間で「売買契約の締結に関する費用は買主が負担するものとする」という合意を取り付けていた場合、契約に関する費用は買主Bが負担することになります。しかし、売主Aと買主Bの間で、契約に関する費用についてなんらの合意がなかった場合、契約に関する費用は売主Aと買主Bとの折半となります。

　契約締結の際に費用負担についてなんらの合意をしなかった場合には、この条文が適用されます。

❷ 弁済の費用

> ●民法第485条
> 弁済の費用について別段の意思表示がないときはその費用は債務者の負担とする。
> ただし、債権者が住所の移転その他の行為によって弁済の費用を増加させたときはその増加額は債権者の負担とする。

　民法によれば、債務者が債務を弁済するためにかかる費用は原則として債務者が負担すると定められています。たとえば、売買契約において、売主が引渡目的物を買主に渡すための運送費用は弁済をするためにかかる費用なので、弁済者である売主が負担します。買主が代金を売主に渡すための振込手数料は買主が弁済をするためにかかる費用なので、弁済者である買主が負担します。

　たとえば、AとBで売買契約を締結する際に、売主Aと買主Bの間で「目的物の引渡に関する運送費は買主が負担するものとする」という合意を取り付けていた場合、運送費は買主Bが負担することになります。また、売主Aと買主Bの間で「代金支払に関する手数料は売主が負担するものとする」という合意を取り付けていた場合、支払に伴う手数料は売主Aが負担することになります。しかし、売主Aと買主Bの間で、弁済に関する費用についてなんらの合意がなかった場合、弁済に関する費用は弁済者である債務者の負担になります。ですから、AとBで売買契約を締結する際に、売主Aと買主Bの間で弁済費用に関してなんらの合意を取り付けていなかった場合には、目的物の引渡しに関する運送費は売主Aが負担し、代金支払に関する手数料は買主Bが負担することとなります。

　契約締結の際に、当事者が費用負担についてなんらの合意をしなかった場合にはこの条文が適用されます。

> **Point**
> 弁済費用に関しては、当事者の争いとなりやすいところですから、リスクマネジメントの観点からは当事者間であらかじめ合意を取り付けておくことが望ましいといえます。

4-11 所有権移転に関する事項

1 物権変動の時期

●民法第176条
　物権の設定及び移転は、当事者の意思表示のみによってその効力を生ずる。

> **Point**
> 所有権の移転時期について当事者の合意がない場合、民法の定めによると契約締結時に移転することになります。

　民法によれば、物権の変動は当事者の意思表示の時点でその効力を生じるとされています。したがって、契約の場合には、原則として契約の効力発生時に物権変動が生じることになります。ただし、例外として、契約時に物権変動を生じるにつき障害がある場合は、その障害が除去されたときとなります。たとえば、契約目的物が不特定物の場合は特定されたときに物権変動を生じる障害が除去されたことになるので、特定されたときに物権変動が生じます。

　したがって、特定物の引渡を目的とする場合に、その所有権は契約を締結したときにその物の買主に移転し、不特定物の引渡を目的とする場合には、契約を締結した後に不特定物が特定物となったときに、その物の所有権は買主に移転します。

　たとえば、AとBで売買契約を締結する際に、売主Aと買主Bの間で「目的物の所有権は契約締結時に移転するものとする」と合意を取り付けた場合には、AB間で売買契約を締結した瞬間に売買契約の目的物の所有権はAからBに移転します。また、AとBで売買契約を締結する際に、売主Aと買主Bの間で「目的物の所有権は目的物引渡時に移転するものとする」と

合意を取り付けた場合には、売主Aが買主Bに目的物を引き渡したときになってはじめてAからBに所有権が移転することになりますので、売買契約を締結した瞬間には目的物の所有権はAからBに移転しません。また、Bで売買契約を締結する際に、売主Aと買主Bの間で「目的物の所有権は代金支払時に移転するものとする」と合意を取り付けた場合には、買主Bが売主Aに代金を支払ったときになってはじめてAからBに所有権が移転することになりますので、売買契約を締結した瞬間には目的物の所有権はAからBに移転しません。

　契約締結の際に、当事者が所有権の移転についてなんらの合意をしなかった場合には、この条文が適用されます。このため、民法の規定に従わない時期で所有権を移転したい場合には、契約当事者間で、所有権移転時期についてなんらの合意をすることが必要となります。

　所有権の移転のような物権の変動は、当事者間にとっても非常に重要なことになりますから、リスクマネジメントの観点からも必ず移転時期を確認するようにしましょう。

> **Point**
> 所有権の移転について移転時期を定めることは後の紛争回避のためにも重要です。

	所有権移転時
特定物	契約の効力発生時
不特定物	特定時

所有権の移転

4-12 瑕疵担保責任に関する事項 (1)

1　売買契約に関する瑕疵担保責任

●民法第570条
　売買の目的物に隠れた瑕疵があったときは、第566条の規定を準用する。ただし、強制競売の場合はこの限りではない。

●民法第566条
　①売買の目的物が地上権、永小作権、地役権、留置権、または質権の目的である場合において、買主がこれを知らず、かつそのために契約をした目的を達することができないときは、買主は契約の解除をすることができる。この場合において、契約の解除をすることができないときは、損害賠償の請求のみをすることができる。
　②前項の規定は売買の目的である不動産のために存すると称した地役権が存しなかった場合、およびその不動産について登記をした賃貸借があった場合について準用する。
　③前2項の場合において、契約の解除または損害賠償の請求は、買主が事実を知った時から1年以内にしなければならない。

> Point
> 民法においては売買の目的物に買主が取引上一般に要求される程度の注意をしても発見できない瑕疵（欠陥）がある場合、売主は瑕疵担保責任を負うと定められています。

　民法においては、売買契約の目的物に隠れた瑕疵があったときは、買主は瑕疵担保責任を負うとされています（民法570条）。この責任は、売買契約が成立した場合に、売主が売買契約締結前から存在する物の欠陥について、売主の帰責性の有無を問わず発生する責任です。この責任は契約当事者の特約により排除することが可能です。

2　売買契約における瑕疵担保責任の要件

　売買契約の目的物について瑕疵担保責任が成立するために

は、民法上は①売買契約の目的物に瑕疵があること（＝同種の物であれば通常有するべき品質性能を欠いている）、②瑕疵が隠れたるものであること（＝買主が取引上一般に要求される程度の注意をしても発見できない）の２点が必要です。

③ 売買契約の瑕疵担保責任の効果

民法上はこの瑕疵担保責任が成立する場合、その瑕疵が存在するために、買主が契約をした目的を達することができないときは、買主は売主に対して、契約の解除を請求することができるとされています。また、もし瑕疵が存在していても、買主が契約をした目的を達することができる場合には、買主は売主に対して契約の解除はできませんが損害賠償を請求することができます。

> **Point**
> 瑕疵担保責任の条項は当事者間の特約により変更可能です。リスクマネジメントの観点からも必ず確認するようにしましょう。

④ 瑕疵担保責任の存続期間

瑕疵担保責任に基づく契約の解除または損害賠償請求を買主がする場合には、買主が事実を知った時から１年以内にしなければなりません。

この瑕疵担保責任の規定は、当事者の特約で変更したり排除したりすることができます。

> **Point**
> 商法においては商人間の売買について買主は売主に対して瑕疵担保責任を請求するためには瑕疵通知義務が課されています。企業間取引において当事者間で何らの合意がない場合にはこの規定が適用されますので、合意をとりつけておくことがリスクマネジメントの観点からは重要です。

⑤ 売買契約における瑕疵担保責任とリスクマネジメント

売買契約における売主の瑕疵担保責任は、売主の故意や過失の有無にかかわらず、売主に発生する責任です。そして、その内容は損害賠償や、解除など、売主に多大なる損失が発生しうる可能性のある内容です。このため、瑕疵担保により発生しうるかもしれない不確実性（リスク）を回避するためにも、法律上の規定だけに頼らずに、かならず契約締結前に瑕疵担保責任条項に関して当事者間で確認するようにしましょう。

4-13 瑕疵担保責任に関する事項(2)

1 請負契約における瑕疵担保責任

Point
請負契約における請負人の瑕疵担保責任は、請負人の故意や過失の有無にかかわらず発生する責任です。請負人の瑕疵担保は請負人に多大なる損失が発生しうる可能性のある内容です。このため、請負人に瑕疵担保により発生しうるかもしれない不確実性(リスク)を回避するためにも、法律上の規定だけに頼らずに、かならず契約締結前に瑕疵担保責任条項に関して当事者間で確認するようにしましょう。

●民法第634条
①仕事の目的物に瑕疵があるときは、注文者は、請負人に対し、相当の期間を定めて、その瑕疵の修補を請求することができる。ただし、瑕疵が重要でない場合において、その修補に過分の費用を要するときはこの限りではない。
②注文者は、瑕疵の修補に代えて、又はその修補とともに、損害賠償の請求をすることができる。この場合においては、第533条の規定を準用する。

●民法第635条
仕事の目的物に瑕疵があり、そのために契約をした目的を達することができないときは、注文者は、契約の解除をすることができる。ただし、建物その他の土地の工作物についてはこの限りではない。

民法では、請負契約の目的物に瑕疵があったときは、請負人は瑕疵担保責任を負うとされています。この責任は請負契約の目的である仕事が完成した場合に、請負人の帰責性の有無を問わず発生する責任です。この責任は契約当時者の特約により排除することが可能です。

2 請負契約における瑕疵担保責任の要件

請負契約の目的物について瑕疵担保責任が成立するためには、民法上は請負契約の目的物に瑕疵がある(=同種の物であれば通常有するべき品質性能を欠いている)ことが必要です。

売買契約の場合のように隠れた瑕疵ではなくても発生するので注意が必要です。

③ 請負契約における瑕疵担保責任の効果

　民法上はこの瑕疵担保責任が成立する場合、注文者は請負人に対し瑕疵修補請求をすることができます。ただし、瑕疵が重要でない場合には瑕疵修補請求の費用が過分ならば、瑕疵修補請求はできません。
　また、注文者は請負人に対して瑕疵修補請求をしないで損害賠償を請求することもできますし、瑕疵修補請求と損害賠償請求を重ねてすることもできます
　さらに、その瑕疵が存在するために、注文者が契約をした目的を達することができないときは、請負目的物が建物その他の土地の工作物以外であるならば、注文者は請負人に対して、契約の解除を請求することができるとされています。

④ 瑕疵担保責任の存続期間

　この瑕疵担保責任に基づく修補請求または損害賠償請求または契約の解除を買主がする場合には、民法上は原則として請負人が請負の目的物を引き渡した時から1年以内、引渡をしない場合には仕事終了時から1年以内にしなければなりません。但し、請負の目的物が建物やその他の土地工作物の場合には5年または10年となっています。

4-14 不可抗力に関する事項（危険負担に関する事項）(1)

1　危険負担における債権者主義

> **Point**
> 債権者主義とは不可抗力で引渡目的物が契約締結後、引渡前に滅失した場合、その責任を債権者が負担することです。

●民法第534条（債権者主義）
① 特定物に関する物権の設定または移転を双務契約の目的とした場合において、その物が債務者の責めに帰することができない事由によって滅失し、または損傷したときは、その滅失または損傷は債権者の負担に帰する。
② 不特定物に関する契約については、402条2項の規定によりその物が確定した時から①の規定を適用する。

　危険負担における債権者主義とは、契約締結後引渡前に、一方の債務がその債務者の帰責事由によらずに（＝不可抗力で）実現できなくなった場合、そのことにより発生するリスクを債権者が負担する主義です。

　たとえば、Aが自らが所有する建物甲の売買契約をBと締結した場合、建物甲をBに引き渡す前に建物甲が土砂崩れで滅失してしまったら、AのBに対する目的物引渡債務は消滅します。しかし、BのAに対する代金支払義務は消滅しません。つまり、建物甲の滅失により発生するリスクは、建物甲の引渡に関する債権者であるBが負担するのです。

　債権者主義が成立する要件として民法は、①双務契約の一方の債務の履行不能につき、債務者・債権者の双方に帰責性がない。②特定物に関する物権の設定または移転を目的とする双務契約であることを要求しています。この要件をみたす場合には、債権者主義が適用され、一方の債務が消滅しても他方の債務は消滅しません。

❷ 危険負担における債務者主義

●**民法第 536 条**（債務者主義）
534条、535条に規定する場合を除き、当事者双方の責に帰することができない事由によって債務を履行することができなくなったときは、債務者は反対給付を受ける権利を有しない。

　危険負担における債務者主義とは、契約締結後引渡前に、一方の債務がその債務者の帰責事由によらずに（＝不可抗力で）実現できなくなった場合、そのことにより発生するリスクを債務者が負担する主義です。

　たとえば、Aが自らが所有する建物甲の賃貸借契約をBと締結した場合、建物甲をBに引き渡す前に建物甲が土砂崩れで滅失してしまったら、AのBに対する目的物引渡債務は消滅します。また、BのAに対する賃料支払債務も消滅します。つまり、建物甲の滅失により発生するリスクは、建物甲の引渡しに関する債務者であるAが負担するのです。

　債務者主義が成立する要件として、民法上は、①双務契約の一方の債務の履行不能につき、債務者・債権者の双方に帰責性がない。②特定物に関する物権の設定または移転を目的とする双務契約以外の双務契約であることを要求しています。この要件を満たす場合には、債務者主義が適用され、一方の債務が消滅すれば他方の債務も消滅します。

> **Point**
> 債務者主義とは不可抗力で引渡目的物が契約締結後、引渡前に滅失した場合、その責任を債務者が負担することです。

売買 ── 甲滅失 ── 引渡

危険負担

4-15 不可抗力に関する事項（危険負担に関する事項）(2)

1　不可抗力の条項の必要性

> **Point**
> 不可抗力による危険をどちらが負担するかの議論については、自分の立場が目的物引渡に関する債権者なのか、それとも目的物の引渡しに関する債務者なのかで、そのリスクは異なってきますので、自分がどちらの立場であるのかを考えてからそれに対応するリスクマネジメントをする必要があります。

　危険負担とは、双務契約において、契約締結後引渡前に、一方の債務がその債務者の帰責事由によらずに（＝不可抗力で）実現できなくなった場合、もう一方の債務が存続するのか消滅するのかという問題で、民法上は債権者主義と債務者主義の2つの立場がありました。

　民法上は、債権者主義は、特定物に関する物権の設定または移転を目的とする双務契約である場合にしか適用されません。たとえば、不動産売買契約や中古品の売買契約などです。これに対して、債務者主義は、特定物に関する物権の設定または移転を目的とする双務契約以外の双務契約のすべてに適用されます。たとえば、賃貸借契約、雇用契約、請負契約、委任契約などです。したがって、双務契約の当事者間で不可抗力についてなんらの合意を取り決めておかなければ、この民法上の規定が使われることになります。

2　不可抗力条項とリスクマネジメント

　たとえば、AとBとの間で特定物の売買契約を締結する場合、売主Aと買主Bとの間に不可抗力の際の危険負担についてなんらの合意を取り付けていなかった場合、AがBに引き渡す前に、契約目的物が不可抗力で滅失した場合の責任は民法の原則どおりになります。すなわち、BはAから目的物の引渡しを

受けていないにもかかわらず代金を支払わなければなりません。

　また、AとBとの間で特定物の売買契約を締結する場合、売主Aと買主Bとの間に不可抗力の際の危険負担について「不可抗力による目的物滅失の危険は売主が負担する」という合意を取り付けていたら、売買契約締結後、目的物引渡前に目的物が不可抗力で滅失した場合の責任は売主が負います。よってAがBに引き渡す前に、契約目的物が不可抗力で滅失した場合には、Bは代金を支払う必要はありません。

　一方、AとBとの間で特定物の売買契約を締結する場合、売主Aと買主Bとの間に不可抗力の際の危険負担について「不可抗力による目的物滅失の危険は買主が負担する」という合意を取り付けていたら、売買契約締結後、目的物引渡前に目的物が不可抗力で滅失した場合の責任は買主が負います。よってAがBに引き渡す前に、契約目的物が不可抗力で滅失した場合には、Bは代金を支払う必要があります。

　そして、AとBとの間で特定物の売買契約を締結する場合、売主Aと買主Bとの間に不可抗力の際の危険負担について「不可抗力による目的物滅失の危険は目的物の引渡時に買主に移転する」という合意を取り付けていたら、契約締結後引渡前に目的物が不可抗力で滅失した場合の責任は売主が負います。よって、AがBに引き渡す前に、契約目的物が不可抗力で滅失した場合には、Bは代金を支払う必要はありません

　不可抗力に関する条項は、引渡を受けていないにもかかわらず代金債務を負うか負わないかという議論になってきますので、法律の規定に頼らずにかならず当事者間で合意を取り付けるようにすることが、無用の争いを防止することになります。

> **Point**
> 不可抗力条項について必ず当事者間で合意をとりつけておくことがリスクマネジメントとなります。

4-16 債務者の帰責性に関する事項

> ●民法第415条
> 債務者がその債務の本旨に従った履行をしないときは、債権者はこれによって生じた損害の賠償を請求することができる。
> 債務者の責めに帰すべき事由によって履行をすることができなくなったときも同様とする。

　民法では、契約成立後、債務者の故意や過失などの債務者に責任がある理由（＝債務者の帰責事由）で債務者が自己の債務を実現しない場合には、債権者は債務者に対し債務不履行責任を請求することができると定めています。債務不履行責任は、①履行遅滞を原因とする債務不履行責任、②履行不能を原因とする債務不履行責任、③不完全履行を原因とする債務不履行責任の3種類にわけることができます。

　契約締結の際に、当事者が債務不履行についてなんらの合意をしなかった場合には、この条文が適用されます。

① 履行遅滞を原因とする債務不履行責任

Point
履行遅滞のリスクを考えるときには、なにをもって遅滞となるかを当事者間で確認しておくことが必要です。すなわち、債務の履行時期を確認することが重要ですから、目的物の引渡時期に注意を払うようにしましょう。

　債務の履行期がきたにもかかわらず、債務者が債務を任意に履行しない場合に債務者が負う責任を、履行遅滞を原因とする債務不履行責任といいます。履行遅滞を原因とする債務不履行責任が成立するには、①債務者の債務が履行期に履行可能なこと、②債務者の履行の遅延が債務者の故意や過失が原因であること、③債務者が債務を履行しないことが違法であることが必要です。債務者が債務を履行しないことが違法でなければなりませんので、なんらかの法律上の原因に基づいて債務者が債務

を履行しないことが認められている場合には違法となりませんので注意をしなければなりません。

② 履行不能を原因とする債務不履行責任

債務者の責任で、債務の履行が不可能となった場合に債務者が負う責任を、履行不能を原因とする債務不履行責任といいます。履行不能を原因とする債務不履行責任が成立するには、①債務者の債務が履行不可能なこと、②債務者の債務が履行不可能なことが債務者の故意や過失が原因であること、③債務者が債務を履行しないことが違法であることが必要です。

③ 不完全履行を原因とする債務不履行責任

債務者は債務の履行をしたが、その履行が債務者の責任において不完全だった場合に債務者が負う責任を、不完全履行を原因とする債務不履行責任といいます。不完全履行を原因とする債務不履行責任が成立するには、①債務者の債務が不完全な履行であること、②債務者の債務が不完全な履行であることが債務者の故意や過失が原因であること、③債務者が債務を不完全に履行したことが違法であることが必要です。

> **Point**
> 履行不能のリスクを考えるときは、なにをもって履行が不可能となるかを当事者間で確認しておくことが必要です。法律の規定では、特定物の引渡債務者には現状引渡の責任があります。一方、不特定物の引渡債務者には完全調達義務の責任があります。ですから、不特定物の引渡債務者は特定をしない限りは完全調達義務の責任を負い続けることになります。したがって、特定の時期がいつかということを当事者間で確認しておくことが必要です。

> **Point**
> 金銭債務は不可抗力で金銭がなくなった場合でも履行不能とはなりません（民法419条）ので、注意が必要です。

> **Point**
> 不完全履行のリスクを考えるときは、どの程度の履行であれば完全で、どの程度の履行であれば不完全と考えるのかを当事者間で確認しておくことが、後からの無用の紛争を防止することになります。

4-17 債権者の帰責性に関する事項

① 債務者の帰責性による場合

●民法第536条（債権者主義）
債権者の責に帰すべき事由によって債務を履行することができなくなったときは、債務者は反対給付を受ける権利を失わない。この場合において、自己の債務を免れたことによって利益を得たときは、これを債権者に償還しなければならない。

> **Point**
> 目的物が滅失して履行不能になった場合、その原因が誰にあるのかを考えましょう。

　危険負担とは、双務契約において、契約締結後引渡前に、一方の債務がその債務者の帰責事由によらずに実現できなくなった場合、もう一方の債務が存続するのか消滅するのかという問題で、民法上は債権者主義と債務者主義の2つの立場がありました。

　民法においては、双務契約において、一方の債務が実現できなくなった原因が、債権者の帰責性にある場合には、他方の債務は存続するものと定められています。

　たとえば、Aが自らが所有する建物甲の売買契約をBと締結した場合、建物甲をBに引き渡す前に建物甲がBの帰責性で滅失した場合、AのBに対する目的物引渡債務は消滅します。しかし、BのAに対する代金支払義務は消滅しません。

第4章 契約交渉過程

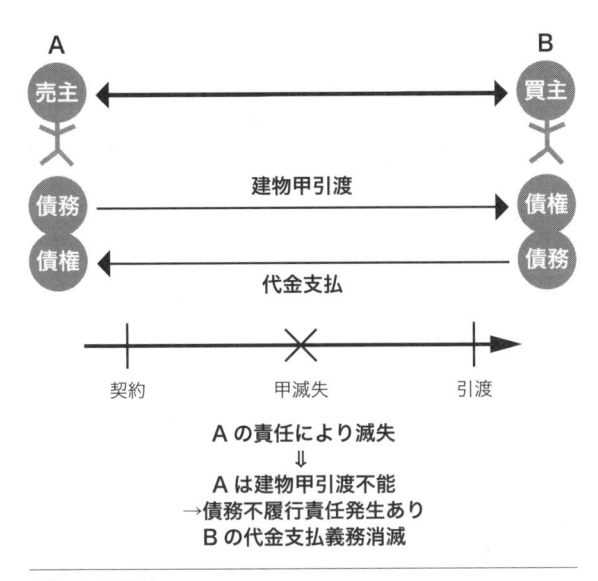

```
A                               B
売主 ←――――――――――――――→ 買主
 ↕                               ↕
債務 ―――建物甲引渡―――→ 債権
債権 ←―――代金支払―――― 債務

     |―――――――×―――――――|→
    契約         甲滅失        引渡
```

Aの責任により滅失
⇩
Aは建物甲引渡不能
→債務不履行責任発生あり
Bの代金支払義務消滅

債務不履行責任

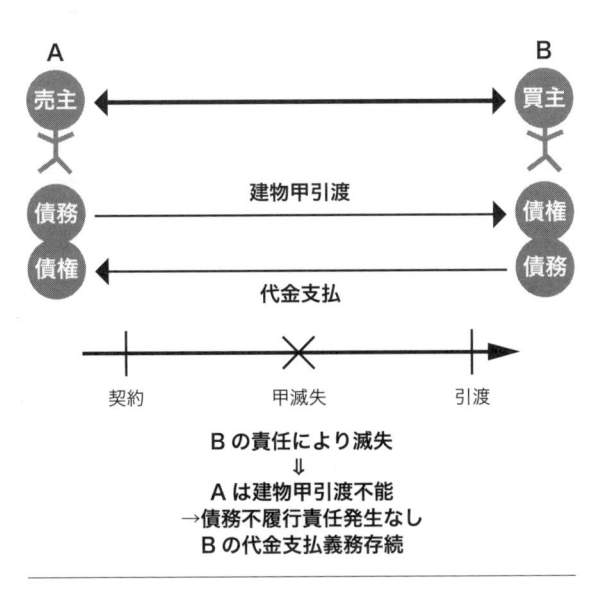

```
A                               B
売主 ←――――――――――――――→ 買主
 ↕                               ↕
債務 ―――建物甲引渡―――→ 債権
債権 ←―――代金支払―――― 債務

     |―――――――×―――――――|→
    契約         甲滅失        引渡
```

Bの責任により滅失
⇩
Aは建物甲引渡不能
→債務不履行責任発生なし
Bの代金支払義務存続

債権者の帰責性

4-18 損害賠償に関する事項

1 損害賠償の範囲

> ●民法第416条
> ①債務の不履行に対する損害賠償の請求はこれによって通常生ずべき損害の賠償をさせることをその目的とする
> ②特別の事情によって生じた損害であっても、当事者がその事情を予見し、又は予見することができたときは債権者はその賠償を請求することができる。

Point
当事者にとって損害賠償のリスクは非常に大きいものとなりますので、あらかじめその範囲について合意をとりつけておくことが後の紛争回避につながります。

　民法では、債務者に債務不履行があった場合には、債権者は債務者に対して通常生じるべき損害の賠償は請求できるが特別の事情によって生じた損害の賠償は請求できないと定めています。ただし、例外として、当事者がそのときに予見していた場合、または予見可能であった場合には、特別の事情によって生じた損害の賠償を請求することができると定めています。この例外における当事者の予見または予見可能の時は、判例では債務不履行があったときであると考えられています。

　この条文は、損害賠償の範囲を定める指針となる条文なので、契約締結の際に、当事者が損害賠償の範囲についてなんらの合意をしなかった場合には、この条文が適用されます。このため、民法の規定に従わない方法で損害賠償の範囲を確定したい場合には、契約当事者間で、損害賠償の範囲についてなんらかの合意をすることが必要となります。

民法の定める損害賠償の範囲

原則	通常生ずべき損害
例外	特別の事情によって生じた損害 （当事者が特別の事情を予見していた場合または予見可能だった場合に限る）

2 損害賠償の予定

●民法第 420 条
①当事者は、債務の不履行について損害賠償の額を予定することができる。この場合において、裁判所は、その額を増減することができない。
②賠償額の予定は、履行の請求又は解除権の行使を妨げない。
③違約金は、賠償額の予定と推定する。

　民法においては損害賠償は予定をすることができると定められています。当事者間で損害賠償額を予定しておくことによって、債権者は債務者の債務不履行の事実さえ証明できれば損害賠償を得ることができます。この場合には、裁判所であってもその額を増減することができません。リスクマネジメントの観点からは、損害賠償が発生した場合にどれくらいの損失があるかをあらかじめ計算することができるので、損害賠償額の予定について当事者同士で検討することは重要です。ただし、あまりにも高額な予定またはあまりにも低額な予定に対しては、公序良俗違反に該当し損害賠償の予定条項が無効となる可能性があるので注意する必要があります。

> **Point**
> 損害賠償の予定をしておくことは当事者の不測の損害の回避となります。

4-19 解除に関する事項

> ●民法第545条
> ①当事者の一方がその解除権を行使したときは、各当事者は、その相手方を原状に復させる義務を負う。ただし、第三者の権利を害することはできない。
> ② 前項本文の場合において、金銭を返還するときは、その受領の時から利息を付さなければならない。
> ③解除権の行使は、損害賠償の請求を妨げない。

1 解除の可否

> **Point**
> 解除には
> ①法定解除
> ②約定解除
> ③合意解除
> の3つがあります。

　民法では、解除の効果として、当事者は原状に復させる義務を負うと定められています。リスクマネジメントの観点からは、なにをもって原状回復とするのかを当事者間で合意しておくことが無難となります。

　契約が成立すると、当事者は債権・債務に拘束されます。この債権・債務関係が成立すると、当事者はそれを守らなければなりません。したがって、契約が成立した後にその契約が最初からなかったものとするためには、一定の条件が必要です。

　このように契約が成立した後に契約が最初からなかったこととする当事者の意思表示のことを解除といいます。この解除ができる場合は、①法定解除、②約定解除、③合意解除の場合のみとなります。

2 法定解除

　法定解除とは、法律上定められた要件を満たした場合に、当

事者に解除をする権利が法律上付与される場合の解除をいいます。たとえば、債務者が債務不履行をした場合の解除、売買契約の瑕疵担保責任の場合の解除、請負契約の瑕疵担保責任の場合の解除、賃貸借契約の無断転貸・無断譲渡の場合の解除などがあげられます。

③ 約定解除

約定解除とは、当事者が合意で解除をする権利を定めた場合、その解除権を行使することによってなす解除をいいます。たとえば、売買契約の際に手付を交付した場合の手付解除などがあげられます。

④ 合意解除

合意解除とは、契約成立後当事者の双方が解除をする旨の合意に達した場合になされる解除契約を言います。

法定解除	法律上の理由によって発生する解除権を行使することによってなす解除 例)●債務者の債務不履行による解除 　　●売買契約の目的物が特定物の場合に、その特定物に隠れた瑕疵がある場合の解除 　　●請負契約の仕事に瑕疵がある場合の解除
約定解除	当事者の契約によって発生する解除権を行使することによってなす解除 例)●手付解除
合意解除	当事者双方の契約をなくす合意によってなす解除

解除の種類

4-20 債権担保に関する事項 (1)

1　債権回収におけるリスクマネジメント

> **Point**
> 相手方はいつ金銭債務が弁済できなくなる状態になるかわかりません。金銭債権回収に関するリスクは常に考えておくのがリスクマネジメントにとって大切です。

　代金債権者としては、かならず代金債権を回収できないと困ります。このために、契約を締結した段階で、もし万一代金が回収できなければどうするかについて合意を取り付けておくことが、リスクマネジメントの観点からは望ましいものとなります。

　このように、金銭債権が確実に回収できるようにする方法を債権担保といいます。契約から発生する債権担保の方法としては、契約の時に事前に債権担保を設定する方法と、契約の後に債権担保を設定する方法があります。

　また、債権担保には当事者の合意で設定する任意の担保と法律の規定を充たせば当然に発生する法定担保の2つがあります。契約から生じる金銭債権の担保でしたら、合意で設定できる担保があるのであれば設定しておくほうが代金債権回収のリスクをできるだけ低くすることができます。

第4章　契約交渉過程

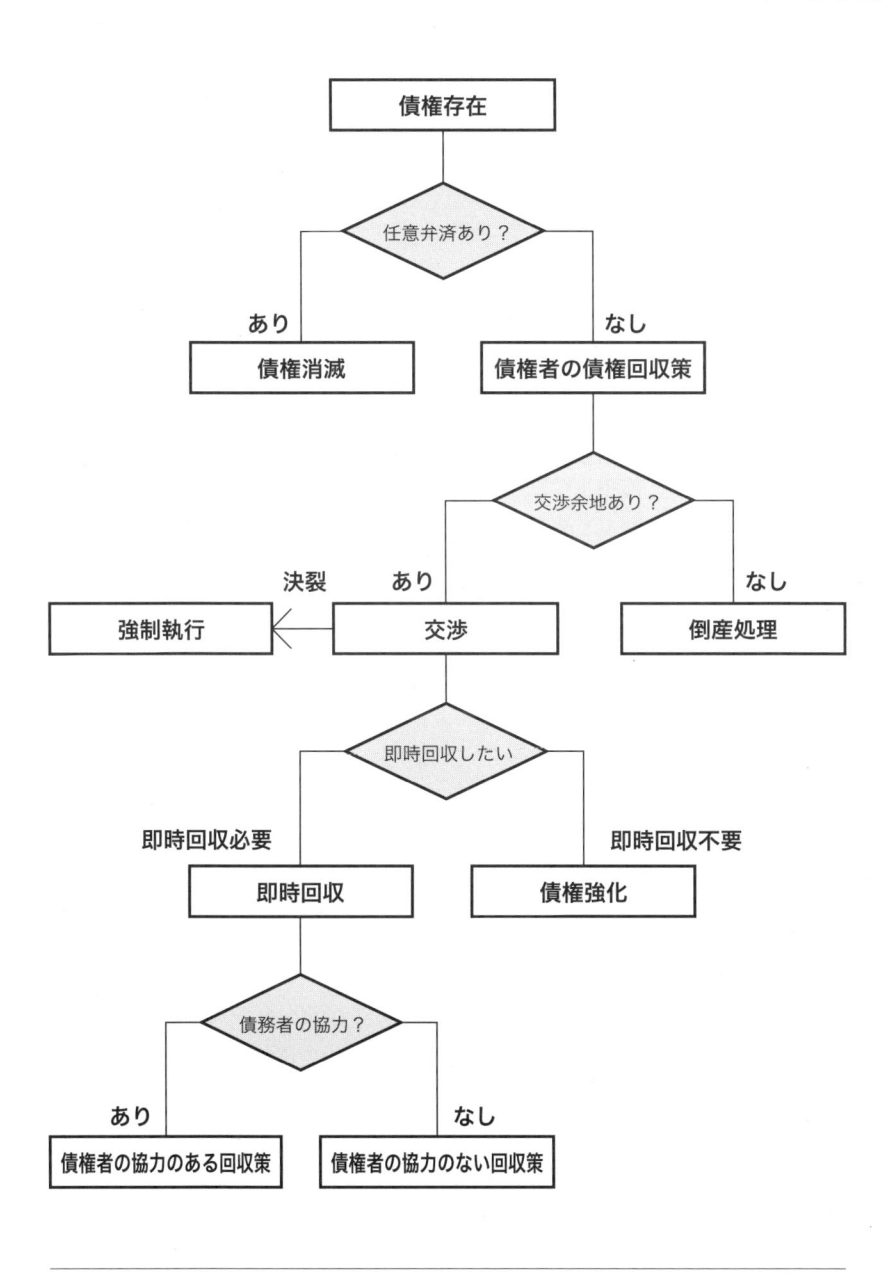

```
            ┌─────────┐
            │ 債権存在 │
            └────┬────┘
                 │
          ◇任意弁済あり？◇
         あり／      ＼なし
    ┌────────┐   ┌──────────────────┐
    │ 債権消滅 │   │ 債権者の債権回収策 │
    └────────┘   └─────────┬────────┘
                             │
                    ◇交渉余地あり？◇
          決裂／    あり／    ＼なし
    ┌────────┐  ┌──────┐   ┌──────────┐
    │ 強制執行 │←│ 交渉 │   │ 倒産処理 │
    └────────┘  └───┬──┘   └──────────┘
                    │
              ◇即時回収したい◇
      即時回収必要／       ＼即時回収不要
        ┌──────────┐       ┌──────────┐
        │ 即時回収 │       │ 債権強化 │
        └────┬─────┘       └──────────┘
             │
       ◇債務者の協力？◇
      あり／         ＼なし
┌──────────────────────┐ ┌──────────────────────┐
│ 債権者の協力のある回収策 │ │ 債権者の協力のない回収策 │
└──────────────────────┘ └──────────────────────┘
```

債権担保に関する事項

4-21　債権担保に関する事項 (2)

1　質権設定

> **Point**
> 質権の設定ができるのは
> ・不動産
> ・動産
> ・債権

　質権とは、債権の担保目的物を債務が弁済されるまで債権者の手元におき、債務者が弁済をしない場合には、その目的物を競売して、その代金から他の債権者に優先して弁済を受けることができる権利をいいます。この質権が設定できるのは、動産・不動産・債権ですので、債務者が適切な動産・不動産・債権を保有している場合には便利な債権担保方法となります。

　また、質権の場合には債務者は債権者に対して担保に提供したものを手放さなくてはなりませんから、債務者にとっては非常な心理的圧迫となります。

2　抵当権設定

> **Point**
> 抵当権の設定ができるのは
> ・不動産
> ・永小作権
> ・地上権

　抵当権とは、債権の担保目的物を債務が弁済されるまで債務者の手元におき、債務者が弁済をしない場合には、その目的物を競売して、その代金から他の債権者に優先して弁済を受けることのできる権利をいいます。この抵当権が設定できるのは、不動産・地上権・永小作権のみとなります。ですから、債務者が不動産や不動産にかかる地上権や永小作権を保有していない場合には設定できません。

　また、抵当権の場合には債務者は債権者に対して担保に提供したものを手放す必要がありませんので、債務者にとっては抵当権を設定した不動産を利用したまま債権担保として提供でき

ます。債務者にとっては便利な担保方法といえます。

③ 譲渡担保権設定

譲渡担保とは、債権の担保目的物の所有権を設定者から債権者に譲渡し債権の担保目的物を債務が弁済されるまで債務者の手元に置く担保方法です。この譲渡担保は、譲渡可能な物(動産・不動産・債権・知的財産権・集合物動産)であればなんでも設定できます。債務者は担保に提供した物を手放す必要がありませんので、債務者としては便利な担保方法といえます。

債務者が金銭債権を弁済しない際に、譲渡担保権者が担保権を実行するときには、質権や抵当権のように競売にかける必要がありませんので債権者としても便利な担保方法といえます。

> **Point**
> 譲渡担保が設定できるのは譲渡可能な物ならなんでも可能です。

④ 保証人の設定

保証とは、本来の債務者がその債務を履行しない場合に、債務者に代わって債務者以外の者（＝保証人）が、債務の履行をする義務を負う契約をいいます。保証契約は、保証人と債権者の間の契約で締結されるため、債務者の一存では設定できない点では不便なものといえます。

保証契約を締結する場合には、保証契約書を作成して締結しなければなりません。なぜなら、保証契約は書面でしないと無効となるという定めがあるためです。また、債権者としては、あとから保証人となっている者から偽造といわれるリスクを回避するという観点から、保証人となる者には債権者の面前で保証契約書に署名させる必要があります。また、保証が根保証の場合には極度額（債権者が優先的に弁済をうけることができる範囲）を必ず定める必要があります。

4-22 準拠法・管轄裁判所に関する事項

1　準拠法

> **Point**
> 準拠法とは裁判になったときにどこの国の法律に基づいて判断するかを決定しますから非常に重要です。

　準拠法の問題とは、裁判になった時にどこの国の法律に基づいて判断するかという問題です。当事者が日本同士の場合には、日本法に準拠するということであまり問題となりませんが、相手方が日本以外の国である場合に特に問題となります。

　もし、準拠法を定めていなかった場合には、実際に適用するべき法律を決定する必要があります。この決定基準は、日本の場合は、法の適用に関する通則法です。したがって、準拠法に関する合意がなかった場合には、法の適用に関する通則法という法律にしたがって定められることになります。

　法の適用に関する通則法では当事者が法律行為の当時に選択した地の法を準拠法とするのが原則になっています（当事者自治の原則）。ただし、当事者の合意がない場合には、法律行為に最も密接な関係がある地の法が準拠法となります。

　もちろん争いにならないようにすることが望ましいですが、リスクマネジメントの観点からは、もし万一争いになった場合にも備えておくことが必要ですから準拠法についても当事者間で合意をとりつけておくことが重要です。

2　管轄裁判所

　管轄裁判所の問題とは、裁判になった時にどこの裁判所に訴えを提起するのかという問題です。最初に訴えを起こす裁判所

は、その事案について管轄権のある裁判所でなければなりません。これについては訴訟額が140万円以下の争いについては簡易裁判所が管轄権を持っています。また、訴訟額が140万円超の争いについては地方裁判所が管轄権をもっています。

さらに、どこの住所の裁判所に訴えを提起するかも問題となりますが、当事者間の合意であらかじめ書面によって合意管轄を定めれば、その合意に基づいてその裁判所が管轄権をもつことになります。

裁判管轄がどこになるのかは、実際に訴訟になった場合に重要事項であるので、リスクマネジメントの観点からも契約締結時に事前に管轄裁判所を契約書で定めておくことが重要であるといえます。

> **Point**
> 管轄裁判所とは裁判になったときにどこの裁判所で裁判するのかという問題ですからリスクマネジメントの観点からも非常に重要です。

第 5 章

契約書作成過程

5-01 契約交渉から契約締結まで

① 契約交渉から契約締結までに発生する文書

Point
交渉から契約までにはさまざまな文書が登場しますので、その役割を把握することがリスクマネジメントの第一歩です。

　契約を締結する場合に、当事者が始めて出会って開口一番いきなり「では、契約を締結しましょう」というやりとりはほとんどありません。通常は、何度かの交渉を重ねたのちに、ようやく本契約に到達します。

　契約を締結するためには、本契約締結までに一定の情報を相手方に渡す必要が生じてきます。もし万一途中で交渉が決裂した場合には、相手方に対してすでに渡してある一定の情報を相手方が悪用するかもしれません。このため、通常は交渉開始時に秘密保持契約を締結してから交渉が開始されます。

　また、本契約締結までに、交渉は何度か行われます。人間の記憶力はそうたいしたものではありませんから、後から「あのときにはああ言った」「いや言っていない」というような争いにならないように、交渉のたびごとに議事録をつけておくことが望ましいです。

　そして、交渉を重ねるにつれて、当事者間では一定の合意が固まってくることになります。この交渉過程の一定の合意を確認する意味で、交渉の途中において、念書や覚書などが何度か作成されることがあります。

　最後に、交渉が煮詰まって、本契約締結の合意に至ります。この本契約を締結する前に、当事者間はいかなる合意内容で本契約を締結するつもりなのかを確認する予備的合意書が作成されることがあります。

そして、最終的に、本契約を締結するときになって、当事者は契約内容に応じた契約書を作成することになります。

② 契約関連文書とリスクマネジメント

これらの、契約交渉過程で発生する文書は絶対に作成しなければならないものではありません。また、契約書それ自体も、一定の契約を除いては絶対に作成しなければならないものではありません。しかし、万一交渉が決裂して本契約締結に至らなかった場合、交渉段階で開示された情報を守る必要が生じてきます。また、もし万一、交渉内容につき相手方の承諾を得ることができず、本契約に至らなかった場合、相手方が自分に対して契約を締結することにつき十分な信頼を与えていたのであれば、契約締結上の過失により相手方に損害賠償を請求できる場合があります。また、交渉が成就して無事契約締結の段階に至った場合であっても、契約内容が交渉過程の合意内容と異なっていないかどうかを検証する必要があります。そして、契約締結後、債権・債務を実現するまでに何か問題が生じて紛争となった場合には、いかなる契約内容だったのかを立証しなければなりません。このときに文書が残っていると無用な争いを避けることができます。

> **Point**
> リスクマネジメントの観点からは、契約交渉過程で発生する文書は確かに必須のものではありませんが、さまざまのリスクを回避するためには、作成しておいたほうがよいということができます。

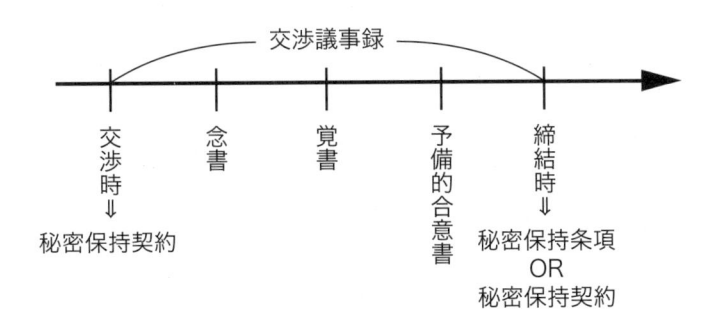

```
             ┌──── 交渉議事録 ────┐
─┬──────┬──────┬──────┬──────┬──────→
  交渉時   念書   覚書   予備的   締結時
   ⇩                    合意書    ⇩
 秘密保持契約                   秘密保持条項
                                   OR
                                秘密保持契約
```

契約交渉から契約締結

5-02　契約書

① 要式契約・不要式契約

> **Point**
> リスク回避のためには後から証拠になるように不要式契約であっても契約書を交わすことが望ましいです。

　契約は要式契約と不要式契約があります。要式契約は契約の成立に一定の形式が要求されるものです。たとえば、保証契約は書面を作成しなければその効力を生じないとされています。これに対して、不要式契約の場合には、契約書がなくても契約は成立します。しかし、契約書を作成しておくと、契約に関してなんらかの争いが生じたときにその契約書が証拠文書となります。このように、契約書には契約が成立したことの証拠となる効果があるので、契約書の作成はきわめて重要なものとなります。

　将来、紛争を発生させないように、できるだけ事前に交渉と合意をすることは必要です。そして、その合意内容を契約書に書いておくことによって、もし疑義が生じた場合も契約書を見直すことにより、当事者双方ともそのときの合意を思い出すことになりますから、無駄な争いの抑止的効果にもなります。そして、もし万一争いになってしまった場合には、契約書という書類の証拠によって守りを固めることができます。

　一定の契約を除き、契約は契約書を作成しなくてももちろん成立しますが、契約書はリスク回避の上で実務において非常に欠かせないツールの一つといえるでしょう。

要式行為	一定の形式が要求される法律行為 例）保証契約は書面でしなければその効力を生じない 　　会社設立には定款を作成しなければならない
不要式行為	一定の形式を要求されない法律行為

要式行為と不要式行為

② 基本契約と個別契約

　契約の形態には基本契約を締結して個々の取引を個別契約で定めるタイプの契約もあります。このタイプの契約は、取引が反復継続して行われる場合に締結されます。というのも、個々の取引の度に共通事項を毎回確認するのに手間がかかることから、共通事項は基本契約書で定められ、個々の取引は個別契約書で定められる形式を取る方が便利だからです。基本契約と個別契約の詳細は後でまた説明します。

> **Point**
> 基本契約は共通事項が定められています。

基本契約	反復継続して契約を行う場合、共通事項をあらかじめとりきめる契約
個別契約	基本契約に基づき締結する個々の契約

基本契約と個別契約

5-03 契約書の基本構成

① 表題

契約書の種類や内容をわかるようにするためにつけられるものです。ただし、契約の内容は表題によって定まるのではなく、その契約書に記載された条項の内容によって定まります。

> **Point**
> 表題と実際の契約内容が異なることもあるので必ず本文の条項でその内容を確認することがリスクマネジメントの観点からは重要です。

② 前文

前文は誰と誰がどういう内容の契約を締結したかを表示する部分です。通常は「A株式会社（以下甲という）とB株式会社（以下乙という）は●●（以下本製品という）の売買に関し、以下のとおり契約を締結する」というように、契約の本人・相手方・契約目的物・契約内容を書きます。また、甲や乙という形で契約当事者を表現し、省略文言の意味を明確にします。

③ 本文

契約条項が並んでいる部分です。ここの部分に契約当事者は、契約に関する合意内容を記載していくことになります。

④ 末文

末文では、契約書の作成通数や所持者を記載します。通常は「以上、本契約の成立を証するため、本契約書2通を作成し、

甲乙記名捺印の上、各自1通を保有する」という形式で記載します。このことにより、契約当事者が契約の条項の内容につき合意をしていることを証明することができます。また、作成数・所持者を明確にすることにより、契約書の偽造等をある程度防止することができます。

5 日付

契約書の作成日は必ず記載することが必要です。なぜなら、契約書は当事者の合意を表示する書面なので、通常はこの日付が契約締結日として、そのまま契約の効力発生日となるからです。もし、効力発生日を契約締結日以外の日に設定したいのであれば、契約成立日と契約効力発生日を別途銘記しておく必要があります。

6 契約当事者の署名押印または記名押印

契約当事者は必ず記載することが必要です。記載方法としては、署名押印と記名押印があります。

署名押印とは、実際に手書きで書面に名前を記載して印鑑を押すことをいいます。記名押印は、すでに名前や住所が印刷されている契約書に印鑑のみを押すことをいいます。署名押印と記名押印の効力はどちらもかわりはありません。

契約書に押印をする際は、個人であれば住民登録のある市区町村に実印として届けてある印を用います。法人であれば、会社の登記がしてある法務局に会社代表者の印として届けてある代表印を用います。また、文書の真正性についての紛争を可能な限り防止するため、印鑑証明書を添付するとなお望ましいでしょう。

署名押印、記名押印する際には、個人の場合には名前と住所をともに記載します。法人の場合には会社名、本店所在地、代表取締役という肩書、代表取締役の氏名が必要です。

> **Point**
> 印鑑は実印を用いてあるかどうか必ずチェックするようにしましょう。

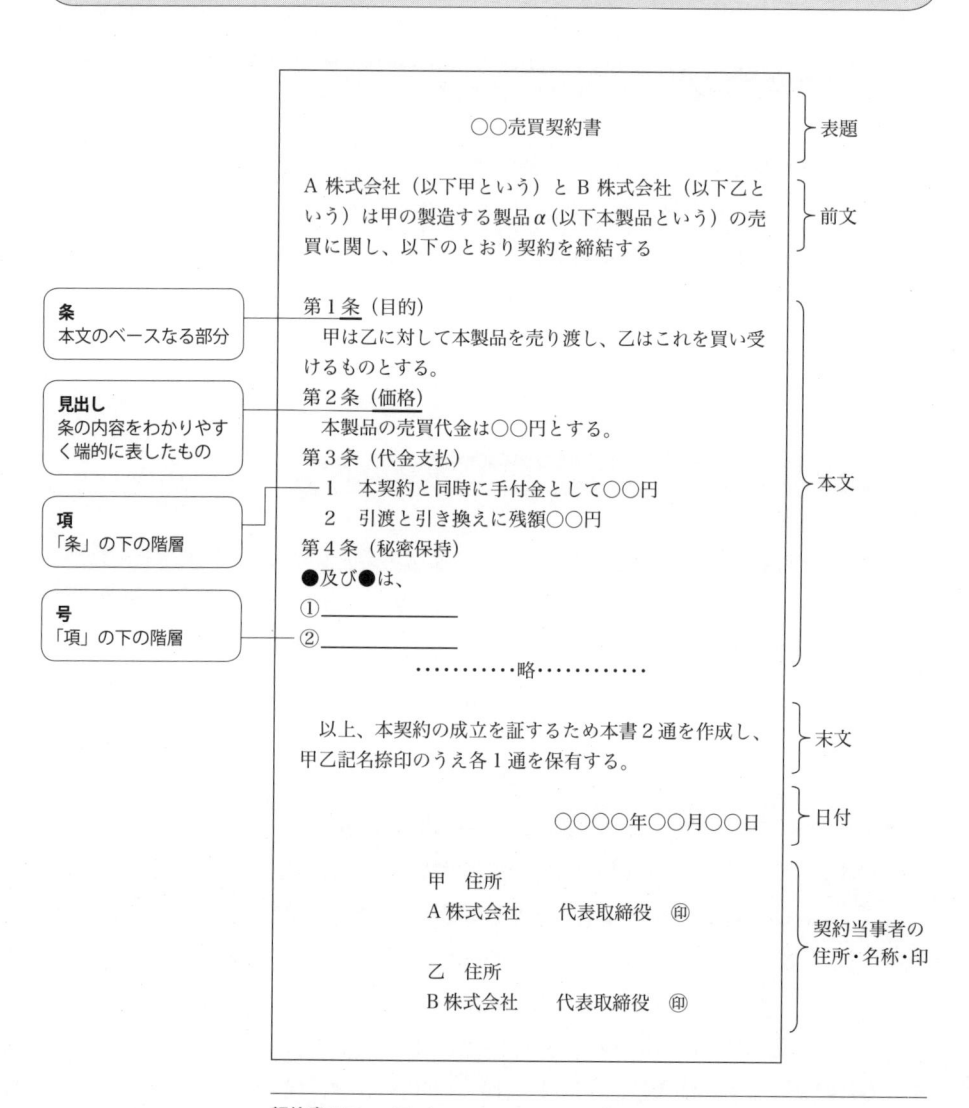

5-04 契約書のフォーマット

```
                ○○売買契約書                    ｝表題

  A株式会社（以下甲という）とB株式会社（以下乙と
  いう）は甲の製造する製品α（以下本製品という）の売    ｝前文
  買に関し、以下のとおり契約を締結する

  第1条（目的）
    甲は乙に対して本製品を売り渡し、乙はこれを買い受
  けるものとする。
  第2条（価格）
    本製品の売買代金は○○円とする。
  第3条（代金支払）
    1  本契約と同時に手付金として○○円             ｝本文
    2  引渡と引き換えに残額○○円
  第4条（秘密保持）
  ●及び●は、
  ①_____
  ②_____

            ・・・・・・・・・略・・・・・・・・・

    以上、本契約の成立を証するため本書2通を作成し、   ｝末文
  甲乙記名捺印のうえ各1通を保有する。

                        ○○○○年○○月○○日     ｝日付

            甲　住所
            A株式会社　　代表取締役　㊞            ｝契約当事者の
                                                  住所・名称・印
            乙　住所
            B株式会社　　代表取締役　㊞
```

- **条**：本文のベースなる部分
- **見出し**：条の内容をわかりやすく端的に表したもの
- **項**：「条」の下の階層
- **号**：「項」の下の階層

契約書のフォーマット

1　本文の記載の仕方

一般条項と個別条項
　一般条項とは、秘密保持条項、管轄裁判所条項、準拠法条項、誠実協議条項など、どの契約書にも共通に使われる部分を指します。これに対し、個別条項とは、契約書ごとに内容が異なる条項をさします。

条・項・号
　契約書の協議事項の大きい単位を「条」といいます。そして、その下の単位を「項」といいます。さらに、その下の単位を「号」といいます。

見出し
　条文の内容がどんなことにかかわるものなのかにつき、条につける名前となります。

5-05 契約関連文書1（秘密保持契約書）

① 契約交渉の最初にかわす秘密保持契約の必要性

Point
秘密保持契約を交渉開始前に締結しておけば、相手方からの情報漏洩を防止することができます。また、もし相手方が情報漏洩をした場合には、秘密保持契約という文書を根拠として相手方に責任追及をすることができます。ですから、情報漏洩防止のリスクマネジメントの観点からは、この秘密保持契約を締結しておくことが非常に重要なものとなります。

契約を締結するための交渉段階に入る一番最初に交わす文書がこの秘密保持契約書です。この秘密保持契約は契約交渉が始まってから締結を交わしても意味がありません。必ず、交渉開始前に締結する必要があります。

ある契約が締結されるにいたるまでは、交渉がなされるのが通常です。交渉段階では、その契約がどんな効果をもたらすものなのか、その契約自体を締結することに意義があるのか、契約を締結するとしてもいかなる内容の契約にするのか等の検討がなされます。その検討は、相手方の思惑や自分の思惑、第三者に対する影響など、さまざまな角度からなされます。ですから、契約が締結されるためには、相手方の承諾を取り付けるために、こちらの情報を提供しなければなりません。

もし交渉が途中で決裂した場合には、自分が提供した情報だけが相手方に残ります。情報は目に見えないものなので、この情報を相手方がどのように利用するかがわかりません。そのため、交渉に入る前に秘密保持契約を締結することが重要となります。逆に言うと、秘密保持契約の締結に応じない場合には契約交渉には応じませんという態度で臨むことが情報漏洩のリスクを回避する第一歩となります。

❷ 秘密保持契約締結の際の注意点

　秘密保持契約を交渉の最初に締結する場合には、以下の3点に気をつけなければなりません。

　第一に、その秘密保持契約が、どこまでの範囲を秘密情報としているかの「秘密保持の物的範囲」です。これは秘密の定義に該当します。その定義に該当しない情報であれば、情報漏洩の責任を問われることはありませんが、その定義に該当する情報であれば情報漏洩の責任を問われることになります。

　第二に、その秘密保持契約が、誰に対してまでその情報を提供してもかまわないとしているかという「情報提供の人的範囲」です。その人的範囲内の人であれば、情報を提供したとしても情報漏洩には該当しませんが、それ以外の人に情報を提供した場合には情報漏洩に該当します。

　第三に、その秘密保持契約が、いつまでその秘密を保持しなければいけないのかという、「秘密保持の時間的範囲」です。その時間的範囲内に、定義に該当する情報を人的範囲に該当する人物に提供した場合には、情報漏洩に該当します。しかし、その時間的範囲を超えた場合には、定義に該当する情報を人的範囲に該当する人物に提供した場合には、情報漏洩に該当しません。

> **Point**
> 秘密保持契約があることによって、無用な情報漏洩の疑義をかけられるリスクが減少します。また、秘密保持契約に記載されていない範囲であれば、自由に情報を利用できるということを意味します。

> **Point**
> 秘密保持契約を書面にしてあることにより、情報漏洩につき争いとなった場合に自らを守る証拠文書ともなります。

5-06 契約関連文書2（覚書・念書）

1 覚書

Point
覚書は双方の署名押印がある文書です。

　覚書とは当事者間における簡単な合意の書面で、当事者双方が合意した内容を互いに承認し合って、同一内容の書面にお互いが署名（又は記名）押印し各自1通を所持します。覚書は、契約書では書かれていない詳細な内容、契約書内容の一部変更など、正式な契約書に記載されない合意事項が記載されることが多いです。また、覚書を実際に契約書を交わす前の基本合意の確認などにも利用する場合には、合意書と同様の書面となります。
　覚書は、契約書の補助的書類ですが、覚書の内容については法的拘束力が発生すると考えられています。ですから、覚書の

　　　　　　　　　　　覚　書

○○（以下甲とする）と○○（以下乙とする）は以下の事項に関して合意した。

第1条……
第2条……
第3条……

以上の合意を証するため、本覚書を2通作成し、甲乙署名捺印の上、各々1通を所持する。

　　　　　　　　　　　　　　　　　　　　　　平成○○年○月○日

　　　　　　　　　甲　住　所
　　　　　　　　　　　氏　名　　　　　　　　　　印

　　　　　　　　　乙　住　所
　　　　　　　　　　　氏　名　　　　　　　　　　印

条項が「……するように努力するものとする」という努力規定となっていても、債務不履行による損害賠償請求訴訟をおこされる可能性があるので注意する必要があります。

❷ 念書

　念書とは、形式としては誓約書に近いもので、一方がもう一方に対して約束する内容を記載して差し出すもので、差し出す側の署名押印のみとなります。

　念書は、相手方が承諾しているかが不明ですので、原則としてそれだけでは法的拘束力はありません。しかし、相手方当事者と契約成立自体を争うことになったとき、念書は契約成立の有力な証拠となるため、裁判を有利に進めることができます。

　また、念書も契約関連文書であり、一般常識に照らして無謀・法外な内容は、公序良俗に反し、その部分は無効となります。また、あまりにも無謀・法外な内容は、強迫によるものとして取り消されることがあるので、念書を書かせるうえでは、常識的な内容を心がけた方が無難です。

> **Point**
> 念書は一方の署名押印のみの文書です。

　　　　　　　　　　　　念　書

私は、以下の内容を遵守することを本書面をもってお約束いたします。

第1条……
第2条……
第3条……

　　　　　　　　　　　　　　　　　　　　　平成○○年○月○日

　　　　　　　　　　　　　住　所
　　　　　　　　　　　　　氏　名　　　　　　　印

5-07 契約関連文書3（交渉議事録・予備的合意書）

1 交渉議事録

Point
リスクマネジメントの観点からは、交渉議事録によって交渉過程を文書化して残しておくことは、相手方の攻撃から自分を防御するためにも重要といえます。

　交渉議事録とは契約交渉段階で作成する議事録です。交渉が長くかかるような契約においては、当事者がいかなる話し合いをしたかの記録を取るために、作成したほうが望ましい文書となります。交渉議事録には、原則として法的拘束力はありません。しかし、もし交渉過程で相手方に本契約締結に対する信頼を与えていたにもかかわらず、交渉決裂となって本契約が締結できなかった場合には、相手方から契約締結上の過失による損害賠償責任を請求される可能性もあります。そのときに、この交渉議事録が相手方に信頼を与えていたことになる証拠になる可能性もあります。

2 予備的合意書

　予備的合意書とは最終的に完成する契約を準備するための合意書です。日本ではあまりなじみがなかったものですが、交渉が長くかかるような大口の契約においては作成したほうが望ましい文書となります。近年は、日本間企業でもM＆Aの増加などが見込まれますので、予備的合意書を見る機会も増えてくるでしょう。
　この予備的合意書は、最終的に完成する契約を準備するための合意書ですから、その内容は最終的な契約と同じ程度に重要なものとなります。つまり、予備的合意書の内容は、最終的に

完成される法的拘束力ある契約に反映されてくるものになりますので、その内容は慎重に検討されなくてはなりません。

では、予備的合意の場合では、法的拘束力は発生しているのでしょうか。この場合には、当事者間の最終的な合意ではないから、法的拘束力が一切発生しないというわけではなく、本契約を締結するための合意であるので、当該合意書の内容や作成経緯や契約の交渉状況などを考慮して一定の法的拘束力が認められる場合が多いです。したがって、もし予備的合意書を締結しながら本契約を締結するに至らなかった場合には、債務不履行責任を請求される可能性があります。

もし、「本文書は一切法的に当事者を拘束しないものとする」と記載されていたとしても、当事者は予備的合意を信頼して本契約締結体制に望むわけなので、相手方から契約締結上の過失による損害賠償責任を請求される可能性もあります。

> **Point**
> 予備的合意書についてはリスクマネジメントの観点からは、「予備的」だと甘く考えずに、本契約と同様にリスクを考えたほうがよいことになります。

③ 契約締結上の過失……契約準備段階でも当事者は信義則に拘束される!!

契約交渉の段階で、相手方に契約の成立に対する強い信頼感を与え、その結果相手方に損害を与えた場合には、契約準備段階における信義誠実の原則（信義則）上の注意義務違反により、相手方の被った信頼利益の損害賠償義務を負うという判例があります。これを契約締結上の過失とよびます。本契約を締結する前であっても、損害賠償を請求されるおそれがありますので、リスクマネジメントの観点からは注意が必要です。

5-08 契約関連文書4（見積書・注文書・納品書）

１ 見積書・注文書・納品書

　見積書とは、引渡目的物や役務の見積を表面化した文書となります。

　注文書とは、注文者が相手方への注文の旨を表面化した文書となります。これに対して、注文請書とは、注文者から注文を受けた相手方が、注文者の注文を承諾した旨を表面化した文書となります。

　納品書とは、引渡目的物や役務を給付したときに給付者が給付をしたことを表面化した文書となります。これに対して、受領書とは引渡目的物や役務を給付されたときに受領者が受領したことを表面化した文書となります。

２ 契約関連文書とリスクマネジメント

> **Point**
> 申込と承諾の合致で合意が形成されるので、どの文書をもって申込となるのか、承諾となるのか当事者間で確認する事がリスクマネジメントとなります。

　契約は申込と承諾で成立します。ですから、どの段階で申込でどの段階で承諾となる慣習かを知っておくことが契約におけるリスクマネジメントとなります。

　たとえば、AがBに対して、ある給付について見積もりを依頼し、Bがその依頼にこたえAに見積書を発行した場合に、AがBに対して注文書を発行したのであれば、Bの見積書の発行が申込で、Aの注文書の発行が承諾と考えられます。

　また、AがBに対して、ある給付について注文書を発行し、Bがその注文書にこたえAに注文請書を発行した場合には、Aの注文書の発行が申込でBの注文請書の発行が承諾と考えられ

ます。
　そして、AがBに対して、ある給付について注文書を発行し、Bがその注文にこたえ商品とともに納品書を発行した場合には、Aの注文書の発行が申込でBの納品書の発行は承諾と考えられます。

その他の契約関連文書

見積書	給付の見積もりを書面化した文書
注文書（発注書）	注文者が注文を書面化した文書
注文請書	注文者の注文の承諾を相手方が書面化した文書
納品書	給付をしたときに給付者が発行する文書
受領書	給付を受領したときに受領者が発行する文書

5-09 印鑑

1 印鑑の種類

日本では文書を作成する場合に印鑑を押すことが多いです。重要な契約については実印を使うようにすることが望ましいですが、そうではない通常の取引においては取引専用の印鑑を用います。これは認印ないしは三文判と呼ばれます。

印鑑の種類

実印	個人の場合は住民登録のある市区町村役場に実印として届けてある印鑑 法人の場合は会社登記がある法務局に会社代表者印として届けてある印鑑
認印	実印以外の印鑑

2 契約書における印鑑

> **Point**
> さまざまな印鑑の使い方を理解しましょう。

契約書においての印鑑は、契約内容について合意し、署名押印または記名押印する際に用いる契約印のほかにさまざまな種類の用いられ方をします。

契印とは、契約書が複数ページにわたる場合に、それが1つの契約書であることを明確にするために、各頁にまたがってする押印のことを言います。契約書を製本テープで閉じた場合には、1ページ目の製本テープの部分に契印をすればかまいません。

割印とは、同一の契約書を両当事者のために2通作成した場合、それらが同一の契約書であることを証明するため、それぞれの文書にまたがってする押印のことを言います。

訂正印とは、文書の文言に加除訂正がある場合にする押印で

す。訂正印は、署名者全員が押印することが通常です。

　捨印とは、契約書を作成した後に訂正が必要になったときを想定して、契約書などの文書の欄外にする押印です。あらかじめ捨印を押しておくことにより、文書を訂正する場合に改めて訂正印を押す必要がなくなりますので訂正が容易にできることになります。ただし、捨印が悪用されるおそれもあるので、リスクマネジメントの観点からはあまり好ましくありません。

　消印とは、契約書に収入印紙を貼る場合、印紙と台紙にまたがって押す押印です。

契約で利用される印鑑の種類

契印	契約書の署名・記名押印欄に押される印
契印	一通の契約書が二枚以上にわたる場合各ページにまたがってする押印
割印	同一契約書を両当事者のために二通作成した場合各文書にまたがってする押印
訂正印	文書の文言に加除訂正がある場合にする押印
捨印	訂正箇所が生じた場合を想定してあらかじめ文書の欄外に押しておく印
止印	文書末尾に押しておく印
消印	収入印紙と台紙にまたがって押す押印

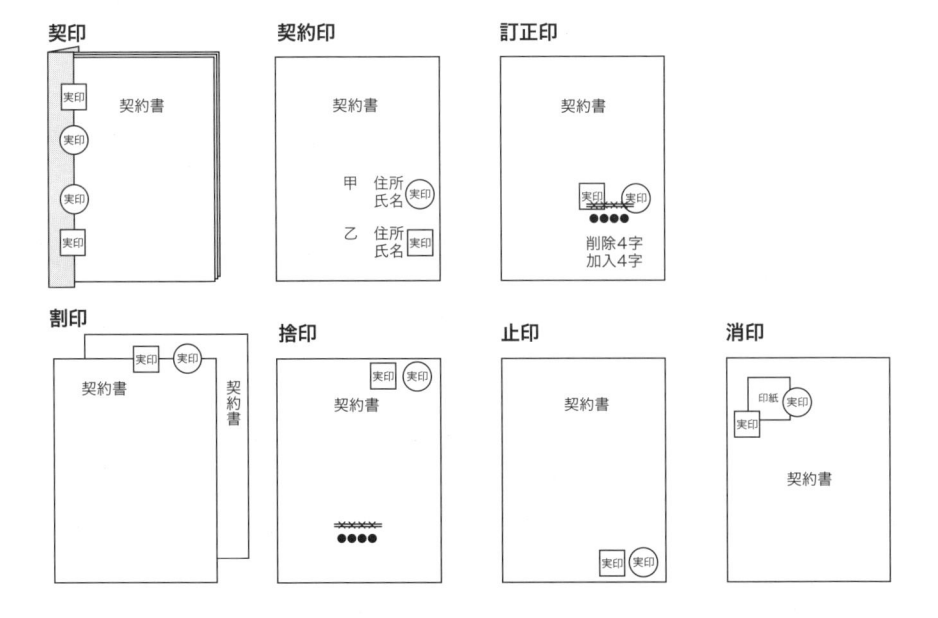

第6章

各種契約締結過程

6-01 商品を売買する契約の注意点

1　売買契約における注意点

Point
商人間の売買においては、買主が売買目的物の受領を拒否する場合や受領できない場合には、売主は相当の期間を定めて催告した後、競売できると定められています。企業間取引において買主は注意しなければなりません。

　売買契約においては、ある人の所有権が他人に移転します。したがって、所有権の移転時期について合意をしておかなければ、法律上の規定に従うことになります。

　また、売主は買主に目的物を引き渡す必要もありますし、買主は売主に代金を支払う必要もあるので、その引渡場所・時期・方法につき確認することが重要です。

　そして、不可抗力で目的物が滅失した場合にいかなる処理をするかについても検討する必要があります。買主と売主の双方になんらの責任がないにもかかわらず、売主から買主に引き渡すまえに、契約目的物が滅失してしまった場合に、それでも代金を支払うのか支払わないのかについて合意をとっておかなければ、法律上の規定（危険負担の規定）に従うことになってしまいます。これについて、合意を取っているのかいないのかは、不可抗力条項（または危険負担条項）によって確認できます。

　さらに、目的物に欠陥があった場合にいかなる処理をするかについても検討する必要があります。目的物に欠陥があった場合に売主は無過失の責任を負うのか、負わないのか。負うにしても、売主はどれくらいの期間を負うのか。その期間はどのようにして定めるのかを確認しておく必要があります。もし、これに関して当事者間で合意を取っていない場合には、法律上の規定（瑕疵担保責任の規定）に従うことになってしまいます。

❷ 個別的取引と継続的取引

　取引先と反復継続的に納品などをする場合には、継続的取引となります。この場合には、個々の取引ごとに売買契約を取り交わすのは煩雑になるため、基本契約と個別契約を締結することになります。

　基本契約では売主と買主が継続して売買契約を行う旨などの取引における共通事項を定め、個別契約には商品の納品場所、納品個数、納品日、納品方法等、また代金の支払場所、支払日、支払方法など個々の契約内容を定めることになります。ですから、基本契約書では、取引において共通に確認するべき条項を確認することが重要となります。

　また、基本契約を締結する際には、個別契約の成立について確認しておく必要もあります。個別契約の成立について、その都度個別契約書を取り交わすものとするのか、もしくは他の方法に変えるのか（たとえば注文書と注文請書に変えるのか）などについて合意をしておくことが、契約におけるリスクマネジメントとなります。

> **Point**
> 個別契約の成立時点について基本契約で確認します。

6-02 商品売買契約書

商品売買契約書

株式会社●●●以下「甲」という)と、株式会社●●●(以下「乙」という)とは、物品の売買に関し、以下のとおり商品売買契約を締結する。

第1条(目的)

> 契約目的を必ず確認する。

甲は、その所有する下記の物品(以下「商品」という)を乙に売り渡し、乙はこれを買い受けた。目的となる物品は次のとおりとするものとする。

品名　●●●
数量　●個

第2条(引渡)

商品の引渡しは、平成●年●月●日限り、乙の本店においてなすものとする。

第3条(所有権移転)

> 所有権の移転時期について確認

商品の所有権は、前条による引渡しがなされたとき、甲から乙に移転するものとする。

第4条(単価および売買代金総額)

1　商品の単価は金●●円(税別)とするものとする。
2　売買代金の総額は金●●円(税別)とし、平成●年●月●日限り、前項の引渡しと同時に支払うものとする。

第5条(危険負担)

1　商品の引渡しが完了した後、乙の検査期間を30日間とし、この期間が満了する前において、物品の滅失、毀損、その他一切の損害があった場合には、甲がその責任を負担するものとする。
2　ただし、乙の責めに帰すべき場合、および乙の検査に合格した場合、または乙が異議を述べずに受領した場合を除くものとする。
3　乙の検査期間を満了した後に生じた損害は、甲の責めに帰すべき事由

を除き、乙の負担とするものとする。

第6条（契約違反による解除）
　当事者の一方が本契約の条項の一に違反したときは、他の当事者は、事前の催告なく、本契約をただちに解除できるものとする。また、被った損害に対し、賠償請求することができるものとする。

第7条（不可抗力）　　　　　　　　　　　　　　　　　〔不可抗力条項を必ず確認する。〕
　天災地変、その他甲乙双方の責めに帰すべからざる事由により、この契約の全部または一部が履行不能となったときは、この契約はその部分について、当然に効力を失うものとする。

第8条（連帯保証人）　　　　　　　　　　　　　　　　〔債権回収の担保を確認する。〕
　乙は、甲から要請があったときは、甲の認める連帯保証人を立て、かかる連帯保証人に、甲に対する乙の債務を乙と連帯して保証させるものとする。

第9条（秘密保持）　　　　　　　　　　　　　　　　　〔秘密保持条項により情報漏洩リスクを防止〕
 1. 甲及び乙は、本件業務遂行のため相手方より提供を受けた技術上又は営業上その他業務上の情報のうち、相手方が特に秘密である旨書面で指定した情報（以下「秘密情報」という）を第三者に開示又は漏洩してはならないものとする。但し、次の各号のいずれか一つに該当する情報についてはこの限りではない。
    ①乙が甲より開示を受けた時点において、すでに公知となっているもの
    ②乙が甲より開示を受けた後、公表その他、甲乙による許可なしの開示以外の方法により公知となったもの
    ③乙が甲より開示を受けた時点において、乙が甲より開示を受ける前に乙が自ら知得し、または正当な権利を有する第三者より正当な手段により入手することにより、すでに乙の所有に属する情報で、かつ、そのことを文書記録によって証明できる情報
    ④本契約当事者からいかなる意味における拘束も受けていない第三者によって乙に開示されている情報。ただし、かかる情報が当該

第三者によって、直接的あるいは間接的であるかを問わず、甲から得られたものある場合を除く情報
⑤甲が乙に対して開示する権限を書面によって明示的に与えている情報。
⑥裁判所、監督官庁からの開示要求がある場合の情報
2．秘密情報の提供を受けた当事者は、当該秘密情報の管理に必要な措置を講ずるものとし、当該秘密情報を第三者に開示する場合は、事前に相手方からの書面による承諾を受けなければならないものとする。但し、法令の定めに基づき又は権限ある官公署から開示要求があった場合はこの限りでない。
3．本条の規定の効力は、本契約終了後も存続するものとする。

第10条（準拠法）
> 準拠法条項により紛争となった場合に備える。

本契約又は個別契約については、日本法に基づき解釈されるものとする。

第11条（管轄裁判所）
> 管轄裁判所条項により紛争となった場合に備える。

甲および乙は、本契約に関して紛争が生じた場合には、甲の住所地を管轄する裁判所を第一審の専属的合意管轄裁判所とすることに合意する。

第12条（協議）
> 誠実協議条項により紛争リスクをできるだけ回避

本契約に定めのない事項が生じたとき、または本契約各条項の解釈について疑義が生じたときは、甲乙は誠意をもって協議し、これを解決する。

以上、本契約の成立を証するため、本書2通を作成し、甲乙各記名押印のうえ、各1通を保有する。

平成●年●月●日

　　　　　　　　甲（住　所）●●●
　　　　　　　　　（名　称）株式会社　●●●
　　　　　　　　　代表取締役　●●●　　　印

　　　　　　　　乙（住　所）●●●
　　　　　　　　　（名　称）株式会社●●●
　　　　　　　　　代表取締役　●●●　　　印

> 署名押印、記名押印、実印かどうか確認する。

6-03 取引基本契約書

取引基本契約書

株式会社●●●（以下「甲」という）と、株式会社●●●（以下「乙」という）とは、甲の製造する製品（以下「本製品」という）の乙に対する継続的供給に関し、基本となる契約（以下「本契約」という）に関し以下のとおり取引基本契約を締結する。

第1条（目的）
  甲および乙は、甲乙間の取引につき、相互の利益を確保し、信義誠実に本契約を履行し、公正な取引関係を維持することを目的とするものとする。

〔契約目的を確認〕

第2条（個別契約）
  1　本契約は、甲乙間に締結される個別契約に特約がない限り、甲乙間のすべての個別契約に適用されるものとする。
  2　個別契約は、発注年月日、品名、仕様、数量、単価、納期、納入場所その他について記載した乙所定の注文書を乙から甲に交付し、甲がこれを承諾したときに成立するものとする。

〔個別契約の成立時期につき必ず確認〕

第3条（売買価格および支払方法）
  売買価格の代金は、甲乙協議のうえ、公正に定めるものとする。売買代金の支払方法については、甲乙協議のうえ、別途定めるものとする。

第4条（納入後の検査）
  1　乙は、甲から本製品が納品されたときは、あらかじめ甲乙間で定めた検査方法により、ただちに本製品の検査を行わなければならないものとする。
  2　乙は、検査の結果、本製品に瑕疵の存在を発見した場合は、ただちに書面をもって甲に対し、その旨を通知しなければならないものとする。

第5条（所有権移転）

〔所有権の移転時期について確認〕

1　本製品の所有権は、引渡しによって甲から乙に移転することを原則とするが、特約がある場合には、代金の弁済が完了するまで本製品の所有権は甲に帰属するものとする。
2　乙は、本製品受領の際、ただちに甲の納品書に受領の署名押印をし、甲に発送しなければならないものとする。

第6条（瑕疵担保責任）

> 瑕疵担保条項をつける場合には期間を確認する。

1　甲より乙へ本製品を納入した後6カ月以内に、乙が当該製品に瑕疵を発見した場合、乙は、甲に対し、相当の期限を定めて当該製品の修理または交換をすべきことを請求することができるものとする。
2　前項の場合において、当該瑕疵にもとづき乙が損害を被ったときは、乙は、甲に対し、損害賠償の請求をすることができる。なお、乙が第三者に発生した損害を賠償したときも含むものとする。
3　甲は、乙に対する本製品の納入後6カ月を経過したときは、本製品について何ら責任を負わないものとする。

第7条（損害賠償）
　　甲または乙が、本契約または個別契約の条項に違反し、相手方に損害を与えたときには、違反した当事者は損害を被った相手方に対し、その損害を賠償するものとする。

第8条（契約解除）
1　甲または乙は、他の当事者が次の各号の一つに該当したときは、催告なしにただちに、本契約およびこれにもとづく個別契約の全部または一部を解除することができるものとする。
①本契約または個別契約の条項に違反したとき
②営業停止など、行政処分を受けたとき
③租税公課の延滞処分を受けたとき
④第三者から強制執行を受けたとき
⑤破産・民事再生または会社更生等の申立があったとき
⑥信用状態の悪化等あるいはその他契約の解除につき、相当の事由が認められるとき

2　前項にもとづいて本契約が解除されたときは、帰責事由の存する当事者は、他の当事者に対し、基本契約の解除により他の当事者が被った損害を賠償するものとする。

第9条（有効期間）
1　本契約の有効期間は、平成●年●月●日から平成●年●月●日までの満1年間とするものとする。
2　ただし、期間満了の3カ月前までに、甲乙の双方から何ら申し出のないときは、本契約は期間満了の翌日から自動的に満1年間延長されるものとし、以後も同様とするものとする。
3　本契約の終結または解除のときに、すでに成立した個別契約がある場合は、本契約は当該個別契約の履行が完了するまで、当該個別契約の履行の目的のため、なお効力を有するものとする。

第10条（秘密保持）

> 秘密保持条項により情報漏洩を防止する。

1　甲及び乙は、本件業務遂行のため相手方より提供を受けた技術上又は営業上その他業務上の情報のうち、相手方が特に秘密である旨書面で指定した情報（以下「秘密情報」という）を第三者に開示又は漏洩してはならないものとする。但し、次の各号のいずれか一つに該当する情報についてはこの限りではない。
①乙が甲より開示を受けた時点において、すでに公知となっているもの
②乙が甲より開示を受けた後、公表その他、甲乙による許可なしの開示以外の方法により公知となったもの
③乙が甲より開示を受けた時点において、乙が甲より開示を受ける前に乙が自ら知得し、または正当な権利を有する第三者より正当な手段により入手することにより、すでに乙の所有に属する情報で、かつ、そのことを文書記録によって証明できる情報
④本契約当事者からいかなる意味における拘束も受けていない第三者によって乙に開示されている情報。ただし、かかる情報が当該第三者によって、直接的あるいは間接的であるかを問わず、甲から得られたものある場合を除く情報
⑤甲が乙に対して開示する権限を書面によって明示的に与えている情報。

⑥裁判所、監督官庁からの開示要求がある場合の情報
2　秘密情報の提供を受けた当事者は、当該秘密情報の管理に必要な措置を講ずるものとし、当該秘密情報を第三者に開示する場合は、事前に相手方からの書面による承諾を受けなければならないものとする。但し、法令の定めに基づき又は権限ある官公署から開示要求があった場合はこの限りでない。
3　本条の規定の効力は、本契約終了後も存続するものとする。

第11条（準拠法）
　　本契約又は個別契約については、日本法に基づき解釈されるものとする。 ── 準拠法条項により紛争となった場合に備える。

第12条（管轄裁判所）
　　甲および乙は、本契約に関して紛争が生じた場合には、甲の住所地を管轄する裁判所を第一審の専属的合意管轄裁判所とすることに合意する。 ── 管轄裁判所条項により紛争となった場合に備える。

第13条（協議）
　　本契約に定めのない事項が生じたとき、または本契約各条項の解釈について疑義が生じたときは、甲乙は誠意をもって協議し、これを解決する。 ── 誠実協議条項により紛争リスクをできるだけ回避

　以上、本契約の成立を証するため、本書2通を作成し、甲乙各記名押印のうえ、各1通を保有する。

　平成●年●月●日

甲（住　所）　●●●
　（名　称）　株式会社●●●
　代表取締役　　●●●　　　印

乙（住　所）　●●●
　（名　称）　株式会社●●●
　代表取締役　　●●●　　　印

── 署名押印、記名押印、実印かどうかを必ず確認

6-04 労務を利用する契約の注意点

① 役務提供契約

役務を提供する契約形態には、雇用契約、請負契約、委任契約があります。また、近年は、人材派遣会社より人材を派遣してもらって、その人材から役務を享受する形態である労働者派遣契約という形態もあります。

② 雇用契約

雇用契約は、雇用者と被用者との間に指揮命令関係があります。そして、雇用者は労働者に対して、労働基準法上の責任や、労働安全衛生法上の責任や、雇用の分野における男女の均等な機会及び待遇の確保に関する法律上の責任などの各種労働法上の責任を負うことになります。

③ 請負契約・委任契約・業務委託契約

請負契約の場合には注文者と請負人の間に指揮命令関係はありませんし、委任契約の場合にも委任者と受任者の間に指揮命令関係はありません。そして、注文者と委任者は労働法上の責任を負うこともありません。

民法上の請負契約は、仕事完成義務が課されています。他方、委任契約は、善良な管理者としての注意義務が課されています。業務委託契約は民法上には規定はありませんが、実務上一定の役務を提供してもらうために締結する契約となります。

当事者の権利・義務の内容は合意で変更することができるものもあります。したがって、どの契約形態にするにせよ、契約条項においてどんな権利があるのか、義務が課せられているのか、または契約条項で合意がない場合にはどの法律の規定が適用されるのかを事前に心得ておくことが、リスクマネジメントの観点からは必要です。

④ 労働者派遣契約

　労働者派遣契約は派遣元企業と労働者が雇用契約を締結し、派遣元企業と派遣先企業が労働者派遣契約を締結し、派遣元企業で雇用契約を締結した労働者が派遣先に派遣されて労働力を提供する形態です。つまり、派遣元企業と労働者の間には雇用契約がありますから労働法上の責任が発生するのは当然となりますが、派遣先企業と労働者の間には雇用契約はありませんので労働法上の責任は発生しません。ただし、派遣先企業と派遣元企業が労働者派遣契約を締結している場合には、派遣先企業と派遣された労働者との間に指揮命令関係が発生することになります。ですから、労働者派遣事業法では、派遣先事業主には労働者に対して労働基準法上の責任（労働者派遣事業法44条）、労働安全衛生法（労働者派遣事業法45条）、雇用の分野における男女の均等な機会及び待遇の確保に関する法律（男女雇用機会均等法）（労働者派遣事業法47条の2）の適用があると定めています。

　最近問題となっている、偽装請負は、実質上は労働者派遣にもかかわらず、労働法上の制約を免れるために、表面上は請負契約や委任契約や業務委託契約の形態をとっている場合を指します。当然ながらコンプライアンスに反した契約形態になりますから、社会的制裁を受けることは免れませんので注意を要する必要があります。

6-05 業務委託契約書

業務委託契約書

株式会社●●●（以下「甲」という）と、株式会社●●●（以下「乙」という）とは、甲の業務委託に関し、以下のとおり業務委託契約を締結する。

第1条（目的）

本契約は、甲乙相互間の信頼にもとづく公正な取引関係を確立し、甲が乙に対し、第2条の業務を委託し、乙がこれを引き受けるものとする。

> 目的条項により契約目的を確認

第2条（業務の内容）

1　甲は、次に定める業務（以下「委託業務」という）の全部または一部を乙に委託し、乙はこれを受託するものとする。
　①甲の給与計算代行業務ならびにそれに付随する一切の業務
　②甲の会計記帳ならびにそれに付随する一切の業務
　③その他甲乙協議のうえ、決定された業務
2　甲または乙は、必要があるときは委託業務の内容、実施方法等の変更および追加等を行うことができるものとする。この場合、甲乙協議のうえ、委託業務の内容、実施方法、業務委託料などをあらためて決定するものとする。

> 委託の業務範囲は必ず確認

第3条（善管注意義務）

乙は、甲から乙への委託業務にかかる業務指示等にもとづき善良なる管理者の注意をもって、委託業務を遂行するものとする。

> 委任ベースの契約においては受任者に善管注意義務があることを確認

第4条（再委託）

乙は、自社の責任において、委託業務の全部または一部について、第三者に再委託できるものとする。

> この条項がない場合に他者に再委託すると善管注意義務違反となる。

第5条（業務委託料および支払方法）

1　甲は、委託業務にかかる業務委託料を乙に支払うものとし、その金額は月額金●●円（税別）とするものとする。

2　経済事情の変動等により前項の業務委託料が不相当となったときは、甲乙協議のうえ、これを改定できるものとする。
3　第1項の業務委託料は、毎月末締め切り翌月末支払いとし、甲は、乙の指定する銀行口座に振込むことにより支払うものとする。なお、その際の振込手数料は、甲の負担とするものとする。

第6条（不可抗力）
　　天災地変その他甲乙双方の責めに帰すべからざる事由により、この契約の全部または一部の履行の遅延または不能が生じたときは、この契約はその部分について、当然に効力を失い、甲および乙は、ともにその責を負わないものとする。

> 不可抗力条項により危険負担のリスク分配

第7条（契約解除）
1　甲および乙は、本契約期間中であっても、1カ月の予告期間をもって本契約を解約することができるものとする。
2　前項にもとづく解約については、甲および乙は、相手方に対しその事業に損害が生じないよう配慮するものとする。

第8条（契約期間）
1　本契約の有効期間は、平成●年●月●日から平成●年●月●日までの満1年間とするものとする。
2　ただし、期間満了の1カ月前までに、甲乙の双方から何ら申し出のないときは、本契約は期間満了の翌日から自動的に満1年間延長されるものとし、以後も同様とするものとする。

第9条（秘密保持）
1　甲及び乙は、本件業務遂行のため相手方より提供を受けた技術上又は営業上その他業務上の情報のうち、相手方が特に秘密である旨書面で指定した情報（以下「秘密情報」という）を第三者に開示又は漏洩してはならないものとする。但し、次の各号のいずれか一つに該当する情報についてはこの限りではない。
①乙が甲より開示を受けた時点において、すでに公知となっているもの

> 秘密保持条項により情報漏洩防止

②乙が甲より開示を受けた後、公表その他、甲乙による許可なしの開示以外の方法により公知となったもの
③乙が甲より開示を受けた時点において、乙が甲より開示を受ける前に乙が自ら知得し、または正当な権利を有する第三者より正当な手段により入手することにより、すでに乙の所有に属する情報で、かつ、そのことを文書記録によって証明できる情報
④本契約当事者からいかなる意味における拘束も受けていない第三者によって乙に開示されている情報。ただし、かかる情報が当該第三者によって、直接的あるいは間接的であるかを問わず、甲から得られたものある場合を除く情報
⑤甲が乙に対して開示する権限を書面によって明示的に与えている情報。
⑥裁判所、監督官庁からの開示要求がある場合の情報
2　秘密情報の提供を受けた当事者は、当該秘密情報の管理に必要な措置を講ずるものとし、当該秘密情報を第三者に開示する場合は、事前に相手方からの書面による承諾を受けなければならないものとする。但し、法令の定めに基づき又は権限ある官公署から開示要求があった場合はこの限りでない。
3　本条の規定の効力は、本契約終了後も存続するものとする。

第10条（準拠法）
　　本契約又は個別契約については、日本法に基づき解釈されるものとする。

> 準拠法条項により、もし紛争となった場合のリスクに備える。

第11条（管轄裁判所）
　　甲および乙は、本契約に関して紛争が生じた場合には、甲の住所地を管轄する裁判所を第一審の専属的合意管轄裁判所とすることに合意する。

> 管轄裁判所条項により、もし紛争となった場合に備える。

第12条（協議）
　　本契約に定めのない事項が生じたとき、または本契約各条項の解釈について疑義が生じたときは、甲乙は誠意をもって協議し、これを解決する。

> 誠実協議条項により紛争リスクを回避

以上、本契約の成立を証するため、本書2通を作成し、甲乙各記名押印のうえ、各1通を保有する

　平成●年●月●日

　　　　　　　　　　　　　甲（住　所）●●●
　　　　　　　　　　　　　（名　称）株式会社●●●
　　　　　　　　　　　　　代表取締役　●●●　　　印

　　　　　　　　　　　　　乙（住　所）●●●
　　　　　　　　　　　　　（名　称）株式会社●●●
　　　　　　　　　　　　　代表取締役　●●●　　　印

署名押印、記名押印、実印かどうかを確認する。

6-06 工事請負契約書

工事請負契約書

　株式会社●●●（以下「甲」という）と、株式会社●●●（以下「乙」という）とは、以下のとおり工事請負契約を締結する。

第1条（目的）

　　乙は、甲に対し、建築請負工事契約書の下記の建物の建築工事を請け負い、これを完成することを約束し、甲は請負代金を支払うことを約束するものとする。

> 契約目的を確認

第2条（権利義務の譲渡の禁止）

　　甲および乙は、相手方の書面による承諾を受けなければ、この契約から生じる自己の権利または義務を第三者に譲渡し、もしくは引き受けさせてはならないものとする。

> 債権譲渡禁止特約、債務引受禁止特約を確認

第3条（工事の変更）

　　当事者間に工事の内容を変更せざるをえない事情のあるときは、その変更の内容、工期および請負代金について、甲乙協議のうえ、書面によってこれを定めるものとする。

第4条（工期の変更）

　　乙は、工事に支障を及ぼす天災、天候の不良、建築確認等の法令にもとづく許認可の遅延その他乙の責に帰することのできない事由によって工期内に工事を完成することができないときは、甲に遅滞なくその理由を付して工期の延長を求めることができるものとする。

第5条（一般の損害）

1. 工事の完成引渡しまでに建物、工事材料その他施工一般について生じた損害は、乙の負担とするものとする。
2. 前項の損害のうち、次の各号の一つに該当するものは、前項の規定にかかわらず甲の負担とし、乙は、必要に応じて工期の延長を求めること

ができるものとする。
①甲の都合によって着工期日までに着工できなかったとき、または甲が工事を繰り延べもしくは中止させたとき
②前払金または部分払金が遅れたため、乙が着工を中止させたとき
③その他甲の責に帰すべき事由によるとき

第6条（第三者への損害）
　施工のために第三者に損害を生じたときは、その損害の発生が甲の責に帰すべき事由によるものを除き、乙がその賠償の責を負うものとする。

第7条（検査、引渡しならびに請負代金の支払い）
　1　乙が工事を完成したときは、乙は、その引渡しに先立ち、甲に通知して検査を受けなければならない。甲はすみやかにこれに応じて、乙の立ち会いのもとに検査を行うものとする。
　2　検査の結果、工事に瑕疵があったときは、乙はすみやかにこれを修補するものとする。
　3　本条の検査を終了したときは、甲は、乙に請負代金の支払いを完了し、乙は、甲に建物を引き渡すものとする。

第8条（瑕疵担保責任） ← 瑕疵担保責任の期間を必ず確認
　乙は、引渡しの日から別紙に定める補修期間中は、工事の瑕疵に対して、これを補修しなければならないものとする。

第9条（甲による解除）
　甲は、乙の責に帰すべき事由により、工期内に工事を完成する見込みがないことが明らかになったときは、契約の全部または一部を解除することができるものとする。

第10条（秘密保持） ← 秘密保持条項により情報漏洩リスクを防止
　1　甲及び乙は、本件業務遂行のため相手方より提供を受けた技術上又は営業上その他業務上の情報のうち、相手方が特に秘密である旨書面で指定した情報（以下「秘密情報」という）を第三者に開示又は漏洩しては

ならないものとする。但し、次の各号のいずれか一つに該当する情報に
① 乙が甲より開示を受けた時点において、すでに公知となっているもの
② 乙が甲より開示を受けた後、公表その他、甲乙による許可なしの開示以外の方法により公知となったもの
③ 乙が甲より開示を受けた時点において、乙が甲より開示を受ける前に乙が自ら知得し、または正当な権利を有する第三者より正当な手段により入手することにより、すでに乙の所有に属する情報で、かつ、そのことを文書記録によって証明できる情報
④ 本契約当事者からいかなる意味における拘束も受けていない第三者によって乙に開示されている情報。ただし、かかる情報が当該第三者によって、直接的あるいは間接的であるかを問わず、甲から得られたもののある場合を除く情報
⑤ 甲が乙に対して開示する権限を書面によって明示的に与えている情報。
⑥ 裁判所、監督官庁からの開示要求がある場合の情報

2　秘密情報の提供を受けた当事者は、当該秘密情報の管理に必要な措置を講ずるものとし、当該秘密情報を第三者に開示する場合は、事前に相手方からの書面による承諾を受けなければならないものとする。但し、法令の定めに基づき又は権限ある官公署から開示要求があった場合はこの限りでない。

3　本条の規定の効力は、本契約終了後も存続するものとする。

第11条（準拠法）

> 準拠法条項により紛争となった場合に備える。

本契約又は個別契約については、日本法に基づき解釈されるものとする。

第12条（管轄裁判所）

> 管轄裁判所条項により紛争になった場合に備える。

甲および乙は、本契約に関して紛争が生じた場合には、甲の住所地を管轄する裁判所を第一審の専属的合意管轄裁判所とすることに合意する。

第13条（協議）

> 誠実協議条項により紛争リスクをできるだけ回避する。

本契約に定めのない事項が生じたとき、または本契約各条項の解釈について疑義が生じたときは、甲乙は誠意をもって協議し、これを解決する。

〈工事の表示〉
1 工事名　　　●●●
2 工事内容　　別紙のとおり
3 工事場所　　●●●
4 工期　　　　着手（平成●年●月●日）
　　　　　　　完成（平成●年●月●日）
6 請負代金額金　●●円
7 支払方法　　第1回　　　　金●●円（税別）
　　　　　　　第2回　　　　金●●円（税別）
　　　　　　　完成引渡しのとき　金●●円（税別）
8 引渡時期　　検査合格後10日以内

　以上、本契約の成立を証するため、本書2通を作成し、甲乙各記名押印のうえ、各1通を保有する。

　平成●年●月●日

　　　　　　　　　　甲（住　所）●●●
　　　　　　　　　　　（名　称）　株式会社●●●
　　　　　　　　　　　代表取締役　●●●　　　印

　　　　　　　　　　乙（住　所）●●●
　　　　　　　　　　　（名　称）　株式会社●●●
　　　　　　　　　　　代表取締役　●●●　　　印

> 代金支払につき合意があるか確認。合意ない場合には仕事完成後の代金支払となります。

> 署名捺印、記名押印、実印かどうかを確認する。

6-07　商品販売に関する契約の注意点

　商品販売に関する契約としては、大きく2つに分かれます。

① メーカーが小売店に製造した商品を販売するパターン

　メーカーが小売店にメーカー製造品を販売し、小売店が消費者にその品を販売する場合、小売店の利益はメーカーから購入した価格と消費者に売却した価格の差額になります。この契約の特徴は、メーカーが製造した商品の所有権が小売店に移転している点にあります。このため、この契約において、メーカーが小売店に対して小売店の売値を指定するということは、独占禁止法上の禁止行為とされている再販売価格の拘束に該当してしまいます。ですから、この場合に、「メーカーが小売店における商品の販売価格を●●円とする」という条項をつけた場合には、独占禁止法違反となってしまいます。したがって、独占禁止法違反とならないためには、メーカーが小売店における商品の販売価格につき定める場合には、「小売店はメーカーの指定する希望価格を尊重しつつ、適正価格にて販売するものとする」という条項にしておけばよいことなります。

② メーカーが小売店に製造した商品の販売を委託するパターン

　メーカーが小売店にメーカー製造品を販売委託し、小売店が消費者にその品を販売する場合、小売店の利益はメーカーからもらう販売手数料ということになります。この契約の特徴は、メーカーの製造した商品の所有権が小売店に移転していない点にあります。このため、この契約において、メーカーが小売店

に対して小売店の売値を指定するということは、独占禁止法上の禁止行為とされている再販売価格の拘束に該当するものにはなりません。なぜなら、メーカーは自分自身に所有権がある商品の売値を指定しているからです。ですから、この場合には、「メーカーが小売店における商品の販売価格を●●円とするものとする」という条項をつけても、独占禁止法違反とならないということになります。

③ 2つの形態の区別

では、1に該当する契約であるのか、それとも2に該当する契約であるのかはどこで決まるのでしょうか。一般に、1のような販売形態は「特約店契約」または「代理店契約」と呼ばれます。そして、2のような販売形態は「販売委託契約」と呼ばれます。しかし、実務上は、これら販売形態に関する名称は混在されて使われていることが多いので、契約書の表題が「特約店契約」「代理店契約」となっているからといって、実際に1の法律形態となっているとは限りません。ですから、1に該当する契約であるのか、2に該当する契約であるのかは、契約書の条項の中身を見て判断しなければなりません。

メーカーから小売店に所有権の移転がある旨の条項があれば1、所有権は移転せずに委託となっていれば2に該当する契約ということになります。

また、代理店契約と特約店契約の違いは前者が販売地域等についての地域別協定などの定めがないもの、後者が販売地域等についての地域別協定などの定めがあるものとなりますが、これもやはり混在して使用されているのが現状です。したがって、契約を締結する際には、契約書の表題に左右されるのではなく、契約条項の中に地域別協定等の定めがあるかどうかを確認するのがリスクマネジメントとなります。

6-08 代理店契約書

代理店契約書

株式会社●●●（以下「甲」という）と、株式会社●●●（以下「乙」という）とは、以下のとおり代理店契約を締結する。

第1条（目的）

> 契約目的を確認する。

乙は、その所在地における甲の代理店として、甲の製品（以下「本件商品」という）の販売を行い、甲の販売方針を尊重して商品の販路拡張・販売促進に努めるものとする。

第2条（販売契約）

乙は、甲より本件商品を買い取り、これを他に販売することを原則とするものとする。

第3条（商品の受発注・納品等）

甲乙間における商品の受発注方法、納入方法、納入場所、納品、検品に関する事項や乙の取扱限度額その他については、別途甲乙協議のうえ、定めるものとする。

第4条（代金の支払い）

乙が甲より仕入れた商品に対する代金は、毎月末日で締切り、翌月末日までに、乙が甲の指定する銀行口座に振込む方法により支払うものとする。

第5条（売買価格）

本件商品の乙に対する売買価格は、●●円とする。なお、この価格は、必要に応じて当事者協議のうえ、変更することができるものとする。

第6条（販売価格等）

> 販売価格条項により独占禁止法に抵触していないかを確認

1　乙は、本件商品を、甲の指定するメーカー希望価格を尊重しつつ、適正価格にて販売するものとする。

2　乙が、特殊販売店と取引をしようとする場合には、あらかじめ甲に報告することを要する。その際、乙は、甲の指示に従わなければならないものとする。

第7条（商品の返品等）
　　甲が乙に売り渡した本件商品については、それが製造上の瑕疵がある、不良品である、輸送中破損した、または注文商品と明らかに異なっていた場合を除き、返品できないものとする。

第8条（保証金）
　1　乙は、本契約による債務および損害賠償の保証として、金●●円を甲に預託するものとする。　　　　　　　　　　　　　　　　　　［債権回収リスク防止のための担保］
　2　甲は、本契約終了後はすみやかに、保証金には利息を付けず、乙の甲に対する債務を控除した残金を乙に返還するものとする。

第9条（譲渡の禁止）
　　乙は、甲の書面による事前の同意を得ない限り、本契約にもとづく一切の権利または義務を第三者に譲渡しもしくは担保に供してはならないものとする。

第10条（契約解除）
　　乙につき、次の各項の一に該当する事由が生じたときは、甲は何らの催告を要せず、ただちに本契約を解除することができるものとする。
　①本契約あるいは個別契約の条項に違反したとき
　②銀行取引停止処分を受けたとき
　③第三者から強制執行を受けたとき
　④破産・民事再生または会社更生等の申立を受けたとき
　⑤信用状態の悪化等あるいはその他契約の解除につき、相当の事由が認められるとき

第11条（有効期間）
　本契約の有効期間は、本契約締結の日から1年間とする。ただし、本契約の終了の3カ月前までに、当事者の一方から他方に対し、本契約を終了する旨を書面をもって通知しない限り、さらに1年間有効とし、以後この例によるものとする。

第12条（秘密保持）
1　甲及び乙は、本件業務遂行のため相手方より提供を受けた技術上又は営業上その他業務上の情報のうち、相手方が特に秘密である旨書面で指定した情報（以下「秘密情報」という）を第三者に開示又は漏洩してはならないものとする。但し、次の各号のいずれか一つに該当する情報についてはこの限りではない。
①乙が甲より開示を受けた時点において、すでに公知となっているもの
②乙が甲より開示を受けた後、公表その他、甲乙による許可なしの開示以外の方法により公知となったもの
③乙が甲より開示を受けた時点において、乙が甲より開示を受ける前に乙が自ら知得し、または正当な権利を有する第三者より正当な手段により入手することにより、すでに乙の所有に属する情報で、かつ、そのことを文書記録によって証明できる情報
④本契約当事者からいかなる意味における拘束も受けていない第三者によって乙に開示されている情報。ただし、かかる情報が当該第三者によって、直接的あるいは間接的であるかを問わず、甲から得られたものある場合を除く情報
⑤甲が乙に対して開示する権限を書面によって明示的に与えている情報。
⑥裁判所、監督官庁からの開示要求がある場合の情報
2　秘密情報の提供を受けた当事者は、当該秘密情報の管理に必要な措置を講ずるものとし、当該秘密情報を第三者に開示する場合は、事前に相手方からの書面による承諾を受けなければならないものとする。但し、法令の定めに基づき又は権限ある官公署から開示要求があった場合はこの限りでない。
3　本条の規定の効力は、本契約終了後も存続するものとする。

※秘密保条項により情報漏洩リスクを防止

第13条（準拠法）
　本契約又は個別契約については、日本法に基づき解釈されるものとする。

> 準拠法条項により紛争の際に備える。

第14条（管轄裁判所）
　甲および乙は、本契約に関して紛争が生じた場合には、甲の住所地を管轄する裁判所を第一審の専属的合意管轄裁判所とすることに合意する。

> 管轄裁判所条項により紛争の際に備える。

第15条（協議）
　本契約に定めのない事項が生じたとき、または本契約各条項の解釈について疑義が生じたときは、甲乙は誠意をもって協議し、これを解決する。

> 誠実協議条項により紛争リスクをできるだけ回避する。

　以上、本契約の成立を証するため、本書2通を作成し、甲乙各記名押印のうえ、各1通を保有する。

　平成●年●月●日

　　　　　　　　　甲（住　所）●●●
　　　　　　　　　（名　称）株式会社●●●
　　　　　　　　　代表取締役　●●●　　印

　　　　　　　　　乙（住　所）●●●
　　　　　　　　　（名　称）株式会社●●●
　　　　　　　　　代表取締役　●●●　　印

> 署名押印、記名押印、実印かどうかを確認する。

6-09 特約店契約書

特約店契約書

株式会社●●●（以下「甲」という）と、株式会社●●●（以下「乙」という）とは、以下のとおり特約店契約を締結する。

第1条（目的）

> 契約目的を確認する。

甲は、乙に対し、別紙に記載される甲の製造にかかる商品（以下「本件商品」という）を売り渡し、乙は甲の特約店として、これを第三者に販売する目的で甲から買い受けるものとする。

第2条（販売地域）

> このような契約において販売地域を限定することは独禁法には抵触しない。

乙が本件商品を販売する地域は、●●●、●●●、●●●とするものとする。

第3条（特約店に関する権限）
1　乙は、甲の特約店として次の権限を有するものとする。
①甲の特約店である旨を表示すること
②販売地域内において甲より購入した本件商品を乙の適当と認める条件で第三者に販売すること

> 販売価格につき独占禁止法に抵触していないかを確認

2　乙は、本件商品を自己の責任において販売するものとし、いかなる場合においても、甲の代理をするものではないものとする。
3　甲は、前条における乙の販売地域内においては、自ら本件商品を販売することはできない。また、乙以外の第三者が特約店を設置することも認めることができないものとする。

第4条（商品の発注・納品等）
甲乙間における本件商品の受発注方法、納入方法、納入場所、納品、検品に関する事項や乙の取扱限度額その他については、別途両者の協議のうえ、定めるものとする。

第5条（代金の支払い）
　乙は、甲より引渡しを受けた本件商品の購入代金を、毎月末日で締切り、翌月末日までに甲の指定する銀行口座に振込む方法により支払うものとする。

第6条（所有権の移転・危険負担）
1　本件商品の所有権は、本件商品が乙に引き渡されたときに、甲から乙に移転するものとする。
2　本件商品の引渡し完了後においては、本件商品の滅失、毀損による一切の損害について、乙が危険負担することとするものとする。

> 所有権移転時期について特約し、リスクを回避する。危険の移転と所有権の移転を同時にすることにより不可抗力による履行不能のリスクを回避する。

第7条（担保責任）
　甲は、乙に対し、乙が甲から購入した本件商品に隠れた瑕疵が発見されたときは、当該本件商品の引渡し後1カ月以内に限り、代替品との交換を無料で行うものとする。

第8条（連帯保証・担保供与）
　甲は、乙が本契約第5条にもとづく代金支払いの滞納を3カ月以上継続したときには、ただちに甲の承認する第三者に乙の債務を連帯保証させるか、または債権に見合う物的担保を供する旨の請求をすることができるものとする。

> 債権回収リスクを防止する。

第9条（譲渡の禁止）
　乙は、甲の書面による事前の同意を得ない限り、本契約にもとづく一切の権利または義務を第三者に譲渡しもしくは担保に供してはならないものとする。

第10条（契約終了時の措置）
　本契約が終了したときは、乙は、ただちに甲の特約店である旨の表示を中止し、以後、甲の特約店である旨の表示をしてはならないものとする。

第11条（有効期間）

本契約の有効期間は、本契約締結の日から1年間とする。ただし、本契約の終了の3カ月前までに、当事者の一方から他方に対し、本契約を終了する旨を書面をもって通知しない限り、さらに1年間有効とし、以後この例によるものとする。

第12条（秘密保持）

> 秘密保持条項により情報漏洩リスクを防止

1　甲及び乙は、本件業務遂行のため相手方より提供を受けた技術上又は営業上その他業務上の情報のうち、相手方が特に秘密である旨書面で指定した情報（以下「秘密情報」という）を第三者に開示又は漏洩してはならないものとする。但し、次の各号のいずれか一つに該当する情報についてはこの限りではない。

① 乙が甲より開示を受けた時点において、すでに公知となっているもの

②乙が甲より開示を受けた後、公表その他、甲乙による許可なしの開示以外の方法により公知となったもの

③乙が甲より開示を受けた時点において、乙が甲より開示を受ける前に乙が自ら知得し、または正当な権利を有する第三者より正当な手段により入手することにより、すでに乙の所有に属する情報で、かつ、そのことを文書記録によって証明できる情報

④本契約当事者からいかなる意味における拘束も受けていない第三者によって乙に開示されている情報。ただし、かかる情報が当該第三者によって、直接的あるいは間接的であるかを問わず、甲から得られたものがある場合を除く情報

⑤甲が乙に対して開示する権限を書面によって明示的に与えている情報

⑥裁判所、監督官庁からの開示要求がある場合の情報

2　秘密情報の提供を受けた当事者は、当該秘密情報の管理に必要な措置を講ずるものとし、当該秘密情報を第三者に開示する場合は、事前に相手方からの書面による承諾を受けなければならないものとする。但し、法令の定めに基づき又は権限ある官公署から開示要求があった場合はこの限りでない。

3　本条の規定の効力は、本契約終了後も存続するものとする。

第 13 条（準拠法）
　　本契約又は個別契約については、日本法に基づき解釈されるものとする。

> 準拠法条項により紛争の際に備える。

第 14 条（管轄裁判所）
　　甲および乙は、本契約に関して紛争が生じた場合には、甲の住所地を管轄する裁判所を第一審の専属的合意管轄裁判所とすることに合意する。

> 管轄裁判所条項により紛争の際に備える。

第 15 条（協議）
　　本契約に定めのない事項が生じたとき、または本契約各条項の解釈について疑義が生じたときは、甲乙は誠意をもって協議し、これを解決する。

> 誠実協議条項により紛争リスクを回避する。

　以上、本契約の成立を証するため、本書 2 通を作成し、甲乙各記名押印のうえ、各 1 通を保有する。

　平成●年●月●日

甲（住　所）●●●
　（名　称）株式会社●●●
　代表取締役　●●●　　　印

乙（住　所）●●●
　（名　称）株式会社●●●
　代表取締役　●●●　　　印

> 署名押印、記名押印、実印かどうかを確認する。

6-10 商品販売委託契約書

商品販売委託契約書

株式会社●●●（以下「甲」という）と、株式会社●●●（以下「乙」という）とは、甲の商品販売委託に関し、以下のとおり商品販売委託契約を締結する。

第1条（目的）
　本契約は、甲が製造する●●●（以下「本製品」という）の販売にあたって、乙に販売業務等を委託し、乙はこれを受託するものとする。

> 契約目的は必ず確認する。

第2条（商品の引渡し）
　甲は、乙からの請求に応じて、乙に対し販売を委託する本製品を引き渡すものとする。

第3条（販売方法）
　乙は、本製品を甲が指定する売価をもって乙の名義において本製品を販売するものとする。

> 委託の場合なので販売価格を指定しても独占禁止法には抵触しません。

第4条（返品の通知）
　乙が、甲から販売の委託を受けて引渡しを受けた本製品について瑕疵を発見したときは、甲に対し、すみやかに通知したうえでこれを返品するものとする。

第5条（代金の取り扱い）
1　乙は、乙の名義において販売した本製品の代金を受領し、所定の書式に従いすみやかに甲に報告するものとする。
2　乙は、前項により受領した代金から第6条に定めた報酬を差し引いた金額を、毎月末日で締切り、翌月末日までに甲の指定する銀行口座に振込む方法により支払うものとする。

第6条（報酬）
　　乙の報酬は、販売代金の●パーセント（税別）とするものとする。

> 販売委託の場合は手数料が受託者の利益になるのでパーセンテージを確認

第7条（契約解除）
　　甲または乙は、他の当事者が次の各号の一つに該当したときは、催告なしにただちに、本契約およびこれにもとづく個別契約の全部または一部を解除することができるものとする。
①本契約あるいは個別契約の条項に違反したとき
②銀行取引停止処分を受けたとき
③第三者から強制執行を受けたとき
④破産・民事再生または会社更生等の申立があったとき
⑤信用状態の悪化等あるいはその他契約の解除につき、相当の事由が認められるとき

第8条（契約終了の際の措置）
　　本契約が終了した場合、または本契約に定めた正当な理由によって契約が解除もしくは中途解約された場合、乙は、甲に対し、販売の委託を受けた本製品をすみやかにすべて返還するものとする。

第9条（契約期間）
1　本契約の有効期間は、平成●年●月●日から平成●年●月●日までの1年間とするものとする。
2　ただし、期間満了の1カ月前までに、甲乙の双方から何ら意思表示のされないときは、本契約は期間満了の翌日から自動的に1年間延長されるものとし、以後も同様とする。

第10条（秘密保持）
1　甲及び乙は、本件業務遂行のため相手方より提供を受けた技術上又は営業上その他業務上の情報のうち、相手方が特に秘密である旨書面で指定した情報（以下「秘密情報」という）を第三者に開示又は漏洩してはならないものとする。但し、次の各号のいずれか一つに該当する情報についてはこの限りではない。

> 秘密保持条項によって情報漏洩リスクを防止する。

①乙が甲より開示を受けた時点において、すでに公知となっているもの
②乙が甲より開示を受けた後、公表その他、甲乙による許可なしの開示以外の方法により公知となったもの
③乙が甲より開示を受けた時点において、乙が甲より開示を受ける前に乙が自ら知得し、または正当な権利を有する第三者より正当な手段により入手することにより、すでに乙の所有に属する情報で、かつ、そのことを文書記録によって証明できる情報
④本契約当事者からいかなる意味における拘束も受けていない第三者によって乙に開示されている情報。ただし、かかる情報が当該第三者によって、直接的あるいは間接的であるかを問わず、甲から得られたものある場合を除く情報
⑤甲が乙に対して開示する権限を書面によって明示的に与えている情報
⑥裁判所、監督官庁からの開示要求がある場合の情報

2　秘密情報の提供を受けた当事者は、当該秘密情報の管理に必要な措置を講ずるものとし、当該秘密情報を第三者に開示する場合は、事前に相手方からの書面による承諾を受けなければならないものとする。但し、法令の定めに基づき又は権限ある官公署から開示要求があった場合はこの限りでない。

3　本条の規定の効力は、本契約終了後も存続するものとする。

> 準拠法条項により紛争に備える。

第11条（準拠法）
　　本契約又は個別契約については、日本法に基づき解釈されるものとする。

> 管轄裁判所条項により紛争に備える。

第12条（管轄裁判所）
　　甲および乙は、本契約に関して紛争が生じた場合には、甲の住所地を管轄する裁判所を第一審の専属的合意管轄裁判所とすることに合意する。

> 誠実協議条項により紛争リスクをできるだけ回避

第13条（協議）
　　本契約に定めのない事項が生じたとき、または本契約各条項の解釈について疑義が生じたときは、甲乙は誠意をもって協議し、これを解決する。

以上、本契約の成立を証するため、本書2通を作成し、甲乙各記名押印のうえ、各1通を保有する

　平成●年●月●日

　　　　　　　　　　　　甲（住　所）　●●●
　　　　　　　　　　　　（名　称）　株式会社●●●
　　　　　　　　　　　　代表取締役　　●●●　　　印

　　　　　　　　　　　　乙（住　所）　●●●
　　　　　　　　　　　　（名　称）　株式会社●●●
　　　　　　　　　　　　代表取締役　　●●●　　　印

> 署名押印、記名押印、実印かどうか確認する。

6-11 知的財産に関する契約の注意点

1 知的財産法

知的財産法には、特許法・実用新案法・意匠法・商標法・著作権法などがあります。

特許法とは発明を、実用新案法とは実用新案、意匠法とはデザインを、商標法とは標章を、著作権法は著作物を保護する法律です。

このうち、特許権や実用新案権や意匠権や商標権は特許庁に登録して初めて権利となりますが、著作権は著作者が創作した時点で権利となるので注意が必要です。

2 著作物作成委託契約

著作権法に規定している著作物とは、言語の著作物・音楽の著作物・舞踊または無言劇の著作物・美術の著作物・建築の著作物・図形の著作物・映画の著作物・写真の著作物・プログラムの著作物があります。そして、著作権は著作者の財産的権利である著作権と人格的権利である著作者人格権（公表権、氏名表示権、同一性保持権）に分けることができます。著作財産権と著作者人格権の双方ともが著作物を創作したときに発生し、他に手続は必要ありません。

また、著作権は他人に譲渡することができるのに対して、著作者人格権は譲渡できません。したがって、著作物作成委託契約を締結する場合には、この著作権や著作者人格権の取扱に注意する必要があります。

たとえば、ソフトウェアの作成を委託したりする場合や、ホームページの作成を委託する場合や、会社のロゴを作成してもらう場合などに注意が必要です。これらの場合、著作権は著作物を創作した者に帰属するので、作成者が著作権を持つことになります。したがって、著作物作成委託契約については、委託者と作成者との間で著作権の帰属について確認する必要があります。また、著作者人格権は他人に譲渡できないので、著作者人格権の不行使特約の有無について委託者と作成者との間で確認する必要もあります。この2点を契約時に確認することがリスクマネジメントになります。

③ ライセンス契約

知的財産権とは、権利者が、権利の対象となっているものを独占排他的に利用する権利です。したがって、他人の特許権の対象となっている発明、他人の実用新案権の対象となっている実用新案、他人の意匠権の対象となっているデザイン、他人の商標権の対象となっている標章、他人の著作権の対象となっているが著作物を利用する場合には、その権利者の許可を得なければ、知的財産権侵害となります。

知的財産権を侵害した場合には民事の責任だけではなく刑事の責任も発生します。

ですから、もし他人の知的財産権がついている物を利用したい場合には、権利者と許諾契約（ライセンス契約）を締結する必要があります。

もし無断で他人の知的財産権を利用すると、コンプライアンス違反となりますので、自分が利用したい知的財産の権利者は誰であるのかをあらかじめ調査しておくことが、リスクマネジメントの第一歩となります。

6-12 ソフトウェア開発委託契約書

ソフトウェア開発委託契約書

株式会社●●(以下「甲」という)と株式会社●●(以下「乙」という)とは、コンピュータソフトウェアの開発業務の委託に関し、次のとおりソフトウェア開発業務委託を契約する。

第1条(契約の目的) 〔契約の目的を確認〕
　　甲は、コンピュータに使用するソフトウェアの開発業務(以下「本件業務」という)を乙に委託し、乙はこれを受託するものとする。

第2条(定義)
　　本契約において使用する用語の意義は、該当各号に定めるところによるものとする。
　1　ソフトウェアとは、本契約に基づき開発されるソフトウェアであって、プログラム、コンテンツ、データベース類、その他これに付随する操作説明書などの書類を総称していう。
　2　プログラムとは、本件ソフトウェアのうちプログラム部分であって、コンテンツ及びデータベースを含めたものをいう。
　3　成果物とは、本契約に基づき作成され、乙が甲に納入するもののすべてをいう。
　4　原始資料とは、本件業務の遂行の過程で、甲が乙に提供する資料をいう。

第3条(本件業務内容)
　　甲が乙に委託する本件業務は、次の各号で定める業務をいうものとする。
　1　システム仕様書作成業務:システム提案書に基づき、データベース要件、ネットワーク要件、操作要件を含むシステム機能要件を分析・定義した上で、システム仕様書を作成する作業 〔委託業務の内容を確認する。〕
　2　ソフトウェア作成業務:システム仕様書に基づき本件ソフトウェアを

設計・製造し、テストを行い所定の動作環境下で本件プログラムが稼働可能な状態にするまでの作業

第4条（成果物の納入）
　　乙は、甲が指定する期限までに、甲が指定する場所において、成果物を納入するものとする。但し、次の各号に該当する場合には、乙は、甲に対し成果物の納入期限の変更を求めることができる。
① 原始資料その他本件業務遂行に必要な資料、情報、機器等の提供の懈怠、遅延等のため本件業務の進捗に支障が生じたときであって、その支障の直接的原因又は間接的原因が、乙に起因するものではないとき。
② 甲により、本件業務の内容が変更されたとき。
③ 天災事変その他の不可抗力によって、納入期限までに成果物を納入することが困難になったとき。

第5条（委託料及び支払方法）
1　甲は乙に対し、本件業務委託の対価として●●円を支払うものとする。
2　委託料の支払方法等については、甲乙別途協議の上、決定するものとする。

第6条（委託料の変更）
　　乙は、次の各号のいずれかに該当する場合には、該当することとなった日から●日以内に、甲に再度見積書を提出することにより、甲に対して委託料の変更を請求することができるものとする。
① 甲に起因する原因により、甲がソフトウェアの仕様を変更するとき。
② 甲に起因する原因により、甲が成果物の納入期限を変更するとき。
③ 甲が提供する原始資料の過誤等により、乙の開発費用が増加したとき。

第7条（原始資料等の提供）
　　甲は乙に対し、原始資料、及び本件業務遂行に対し必要な原始資料以外の資料、機器等（以下「原始資料等」という）を、無償で貸与、開示等して提供するものとする。

第8条（原始資料等の保管管理）
　　乙は原始資料等を、善良な管理者の注意義務をもって管理、保管し、本件業務の遂行以外の目的には、一切使用しないものとする。

第9条（原始資料等の返却）
　　乙は、本件業務終了後●日以内に、原始資料等を甲に返却するものとする。

第10条（開発場所）
　　乙は、乙の事業所内において本件業務を遂行するものとする。

第11条（連絡担当者）
　1　甲及び乙は、本件業務の連絡担当者を定め、書面により相手方に通知するものとする。
　2　本件業務遂行のための連絡、確認等は、原則として前条の連絡担当者を通じて行うものとする。

第12条（個人情報の取扱い）
　1　甲は乙に対し、甲の有する個人情報（特定の個人を識別できる情報をいう。以下同じ）を委託する場合、当該個人情報を特定し、個人情報である旨を明示しなければならないものとする。
　2　乙は個人情報の委託を受けた場合、当該個人情報の管理に必要な措置を講ずるものとし、当該個人情報を第三者に提供してはならないものとする。
　3　乙は、第1項に基づき甲より委託を受けた個人情報について、本契約の目的の範囲内でのみ使用し、複製、改変が必要な場合は、事前に甲から書面による承諾を受けるものとする。

第13条（権利移転と危険負担）
　　成果物の所有権は、甲が乙に委託料を完済した時点で、乙から甲へ移転するものとする。

開発のために資料を渡す必要がある場合がほとんどであるのでその取り扱いについて必ず確認

ソフトウエア開発の場合には個人情報を渡す場合があるので、個人情報保護条項により確認する。

所有権の移転時期について確認

第14条（検品）
1 甲は、乙より成果物の納入がなされた日から●日以内（以下「検査期間」という）に、成果物の検査を行い、その検査結果について●日以内に乙に通知するものとする。但し、過誤その他の瑕疵があったときは、直ちに乙に通知するものとする。
2 乙による成果物納品の日から●日経過した場合は、前項の検査結果の通知にかかわらず、当該成果物は前項所定の検査に合格したものとみなす。甲が正当な理由なく成果物の受領を拒否し、乙が甲へ当該成果物を納入した日から前項の期間を経過したときも同様とするものとする。

第15条（保証及び責任範囲）
1 乙は、甲が指定する仕様書どおりの成果物が開発されていること、及び成果物には不良品や瑕疵がないことを甲に保証するものとする。
2 前項の保証は、成果物の納品日から1年間（以下「保証期間」という）有効とするものとする。
3 成果物に含まれるソフトウェアが、甲の指定する仕様書に従ったものではなく、かつ、このことが乙に起因する原因によるときは、乙は、前項に基づく保証期間中は、乙の費用と責任において、ソフトウェア上の過誤の訂正・補修等を行うものとする。

第16条（特許権等に関する保証等）
1 乙は、成果物が、第三者の著作権やその他の工業所有権（以下「著作権等」という）に基づく権利を侵害していないことを甲に保証するものとする。

> 相手方が知的財産権侵害をしていないことを確認する。

2 乙の成果物が、第三者の著作権等を侵害しているとしてその使用を差し止められた場合、又は、損害賠償を命じられた場合には、乙は第5条に定める金額を限度として、甲に生じた損害を賠償するとともに、第三者の著作権等を侵害しない新たな成果物を、無償で甲に提供するものとする。

第17条（損害賠償額の予定）
乙の成果物の納期が、乙に起因する原因により、1日延期されるごと

に甲が被る被害額は、1日あたり●円として、これを乙に対する損害賠償額とするものとする。

第18条（保守サービス）
　　甲及び乙は、次の各号に掲げる保守等に関する契約を別途締結できるものとする。
1　保証期間経過後の本ソフトウェアの不稼働を含む稼働不良に対する技術サービス
2　保証期間経過後の本ソフトウェア、成果物の瑕疵に対する修補
3　乙の責に帰すべからざる事由による本件ソフトウェアの不稼働を含む稼働不良に対する技術サービス
4　バージョンアップ機能追加、その他本件ソフトウェアの改良のための技術サービス
5　本件ソフトウェアの運用又は使用に関する技術サービス

第19条（発明等の取扱い）
1　本件業務遂行の過程で生じた発明その他の知的財産又はノウハウ等（以下「発明等」という）が甲又は乙のいずれか一方のみによって行われた場合、当該発明等に関する特許権その他の知的財産権、ノウハウ等に関する権利（以下「特許権等」という）は、甲に帰属するものとする。
2　乙が従前から有していた特許権等を本件ソフトウェアに利用した場合、甲は本契約に基づき、本件ソフトウェアを自己利用するために必要な範囲で、当該特許権等を実施又は利用することができるものとする。
3　本件業務遂行の過程で生じた発明等が、甲及び乙に属する者の共同で行われた場合、当該発明等についての特許権等は甲乙の共有（持分均等）とする。この場合、甲及び乙は、それぞれに属する当該発明等を行った者との間で特許権等の承継その他必要な措置を講ずるものとする。
4　甲及び乙は、前項の共同発明等に係る特許権等について、それぞれ相手方の同意等を要することなく、これらを自ら実施又は利用することができる。但し、これを第三者に実施又は利用を許諾する場合、持分を譲渡する場合及び質権の目的とする場合は、相手方と協議の上、実施又は利用の許諾条件、譲渡条件等を決定しなければならないものとする。

> 万一、創作物が特許の要件を満たす場合は、特許を受ける権利は発明者に帰属します。これを譲渡されるには相当の対価を支払う必要があるので条項において確認する必要があります。

第20条（著作権の帰属）
1　納入物のうち本件プログラムの著作物について、本件プログラムに結合され又は組み込まれたもので、乙が従前から有していたプログラム（コンテンツ及びデータベースを含む。以下同じ）は乙に帰属するものとする。但し、甲は、納入された本件プログラムの著作物の複製物を、かかる成果物を自己使用の範囲内に限って自由に使用し、又は著作権法第47条の2の規定に基づき複製、翻案することができるものとする。
2　乙が本件業務の実施中新たに作成したプログラムの著作権は、甲に帰属するものとする。

> 著作権は特に合意がなければ創作者に帰属します。もし帰属を委託者側にしたいのであれば著作権の帰属につき確認する必要があります。

第21条（著作者人格権の不行使）
　　乙は、納入物のうち本件プログラムの著作物について、著作者人格権を行使しないものとする。

> 著作者人格権は他人に譲渡することができませんが、行使されると著作物を利用できなくなるおそれが発生します。著作物人格の不行使も条項を確認する必要があります。

第22条（契約内容の変更）
　　本契約の内容の変更は、当該変更内容につき事前に甲乙協議の上、別途、変更契約を締結することによってのみこれを行うことができるものとする。

第23条（契約の有効期間）
　　本契約の有効期間は、平成●年●月●日から平成●年●月●日までとするものとする。

第24条（契約の解除）
　　甲又は乙のいずれか一方において、次の各号に掲げる事由のいずれかが生じた場合には、相手方に何ら通告することなく、直ちに本契約を解除することができるものとする。
1　重大な過失又は背信行為があったとき。
2　支払いの停止があったとき、又は仮差押、差押、競売、破産、民事再生手続開始、会社更生手続開始、会社整理手続開始、特別清算手続開始等の手続の申立てがなされたとき。
3　手形交換所からの取引停止処分を受けたとき。

4　公租公課の滞納処分を受けたとき。
    5　その他前各号に準ずる本契約を継続し難い重大な事由が発生した場合。

第25条（権利義務譲渡の禁止）
　　　甲及び乙は、互いに相手方の事前の書面による同意なくして、本契約の地位を第三者に承継させ、本契約から生じる権利義務の全部又は一部を第三者に譲渡し若しくは引き受けさせ又は担保に供してはならないものとする。

第26条（秘密保持）

> 秘密保持条項により情報漏洩防止

1　甲及び乙は、本件業務遂行のため相手方より提供を受けた技術上又は営業上その他業務上の情報のうち、相手方が特に秘密である旨書面で指定した情報（以下「秘密情報」という）を第三者に開示又は漏洩してはならないものとする。但し、次の各号のいずれか一つに該当する情報についてはこの限りではない。
①乙が甲より開示を受けた時点において、すでに公知となっているもの
②乙が甲より開示を受けた後、公表その他、甲乙による許可なしの開示以外の方法により公知となったもの
③乙が甲より開示を受けた時点において、乙が甲より開示を受ける前に乙が自ら知得し、または正当な権利を有する第三者より正当な手段により入手することにより、すでに乙の所有に属する情報で、かつ、そのことを文書記録によって証明できる情報
④本契約当事者からいかなる意味における拘束も受けていない第三者によって乙に開示されている情報。ただし、かかる情報が当該第三者によって、直接的あるいは間接的であるかを問わず、甲から得られたものある場合を除く情報
⑤甲が乙に対して開示する権限を書面によって明示的に与えている情報
⑥裁判所、監督官庁からの開示要求がある場合の情報
2　秘密情報の提供を受けた当事者は、当該秘密情報の管理に必要な措置を講ずるものとし、当該秘密情報を第三者に開示する場合は、事前に相手方からの書面による承諾を受けなければならないものとする。但し、法令の定めに基づき又は権限ある官公署から開示要求があった場合はこ

の限りでない。
　3　本条の規定の効力は、本契約終了後も存続するものとする。

第27条（準拠法）
　　本契約については、日本法に基づき解釈されるものとする。 ──準拠法条項により紛争の場合に備える。

第28条（管轄裁判所）
　　甲および乙は、本契約に関して紛争が生じた場合には、甲の住所地を管轄する裁判所を第一審の専属的合意管轄裁判所とすることに合意する。 ──管轄裁判所条項により紛争の場合に備える。

第29条（協議）
　　本契約に定めのない事項が生じたとき、または本契約各条項の解釈について疑義が生じたときは、甲乙は誠意をもって協議し、これを解決する。 ──誠実協議条項により紛争リスクをできるだけ回避する。

　本契約の証として、本契約書2通を作成し、甲乙記名押印の上、各自1通を保有する。

　　平成●年●月●日

　　　　　　　　　　　甲：（住所）●●●●
　　　　　　　　　　　株式会社●●
　　　　　　　　　　　代表者氏名　●●●●　㊞

　　　　　　　　　　　乙：（住所）●●●●
　　　　　　　　　　　株式会社●●
　　　　　　　　　　　代表者氏名　●●●●　㊞

（署名押印、記名押印、実印がどうかを確認する。）

6-13 ライセンス契約書

ライセンス契約書

株式会社●●●（以下「甲」という）と、株式会社●●●（以下「乙」という）とは、甲が著作権を有する著作物●●●（以下「本件キャラクターという」）について、以下の通り商品化のためのライセンス契約を締結する。

第1条（目的）

＞契約目的を確認する。

本契約は、甲が原作した本件キャラクターについて、乙が後記商品（以下「本件商品」）に、独占的に利用する権利を許諾し、乙はこれに対してライセンス料を支払うことを目的とするものとする。

第2条（期間）
1　本契約の有効期間は●●年●月●日より●年間とするものとする。
2　前項の期間満了3カ月前までに、甲または乙から相手方に対して書面による更新拒絶の意思表示がない限り、本契約は同一条件を持って更新されたものとみなし、以後も同様とするものとする。
3　有効期間満了後も、乙は本件キャラクターを利用した製造済み製品がある場合は、その販売及び頒布をすることができるものとする。

＞この条項がない場合に乙が有効期間後に在庫を販売すると甲の知的財産権侵害となる。

第3条（ライセンス内容）
1　乙は、本件ライセンスにより、本件キャラクターの肖像、名称、イメージ、形状、立体等を利用して、本件商品を製造、販売、頒布、宣伝、輸出することができるものとする。
2　甲は、本件キャラクターにかかる前項の権利を、第三者に対して許諾することができない。ただし、甲自身が、本件キャラクターを商品化する場合はこの限りではないものとする。

＞契約内容を確認する。

第4条（ライセンス料）
1　乙は本契約に基づくライセンス料として以下の金額を甲に対して支払うものとする。
　①　基本ライセンス料　金●●●円

②本件商品の総販売価格（税抜き）に●パーセントを乗じた金額
　2　前項のライセンス料は四半期ごとに決算し、その終期から１カ月以内に乙が甲の指定する口座に振り込むものとする。

第５条（乙の義務）
　乙は以下の事項を遵守しなければならないものとする
　①乙は、本件商品には、甲の著作権が存在する旨の表示を付さなければならない。
　②乙は、本件商品の企画、デザインの過程において、その原案を甲に示してその許諾を得なければならない。
　③乙は、本件商品もしくはその宣伝に使用する本件キャラクターの原画、原稿、絵コンテについては、甲に対してその作成を依頼しなければならない。
　④乙は、本件キャラクターにつき、その芸術的、文化的、イメージ的価値を損なう一切の行為を行わないように注意しなければならない。
　⑤乙は、本契約に関して知りえた情報を、本契約以外の目的で使用し、または第三者に漏洩してはならないものとする。

第６条（知的財産権の取扱）
　1　本件商品の製造によって発生する著作権は特別の手続を要することなく甲に帰属するものとする。
　2　乙は本件商品に関して甲の承諾なく意匠権等の知的財産権の登録を行ってはならないものとする。

> ライセンス商品の著作権の帰属がいかになるか確認する。

第７条（禁止事項）
　1　乙は、本契約に基づく権利義務を甲の承諾なく第三者に譲渡し、貸与し、担保権を設定してはならないものとする。
　2　乙は、本件商品そのほか自己または第三者が製造、販売、頒布、宣伝、輸出などする商品に関して、本件キャラクターと類似するキャラクターを使用し、または知的財産の登録をしてはならないものとする。

第8条（帳簿作成義務）
  1　乙は、本件商品の製造、販売、頒布、宣伝、輸出などについて記録した帳簿または電磁的記録を作成し、本件契約後●年を経過するまでこれを保存しなければならないものとする。
  2　乙は、毎四半期ごとに期末より1カ月以内に、前項の記載もしくは記録内容について、甲に対して、書面により定期的に報告しなければならないものとする。

第9条（通知義務）
  1　乙は正当な権限を有しない第三者が本件キャラクターの著作権または本件商品に関する権利を侵害しまたは侵害するおそれがあると知ったときは、遅滞なくその旨を甲に通知しなければならないものとする。
  2　前項の通知を受けた場合、甲は乙と協力して第三者による侵害を排除または予防するものとする。

第10条（帳簿閲覧権）
  1　甲は第8条1項規定の帳簿または電磁的記録等を閲覧する必要がある場合には、閲覧を希望する日の1週間前までに乙に通知し、乙の主たる事務所の所在地において、帳簿等を閲覧することができるものとする。
  2　甲より前項の通知があった場合、乙は、これに必要な協力をしなければならないものとする。
  3　甲は、第8条1項規定の帳簿または電磁的記録等を閲覧したことによって知りえた乙の実施事項内容等につき、乙の承諾なくして第三者に漏洩してはならないものとする。

第11条（資料提供義務）
  　甲は、乙より本件商品に利用するため必要な範囲内での請求があった場合、本件キャラクターに関する原画、原稿、そのほかの資料を乙に提供しなければならないものとする。

第12条（資料返還義務）
  1　乙は甲から前条の資料を提供されたときは、甲の承諾なくこれを複製し

> 商品化のために渡した資料の取扱いについて確認する。

てはならないものとする。
2　乙は甲から前条の資料を提供されたときは、利用が終了したときは遅滞なくこれを乙に返還しなければならないものとする。

第13条（第三者に対する甲の責任）
　　甲は、本契約に基づいて乙が行う本件商品の製造、販売、頒布、宣伝、輸出等に関して、第三者に損害が発生した場合においても、なんら責任を負わないものとする。

第14条（保証）
　　甲は、本件キャラクターについて、その著作権、意匠権、商標権等の権利を保有していることを乙に対して保証するものとする。

> 相手方が知的財産権侵害していないことを確認する。

第15条（解除）
1　甲及び乙は、各々相手方が本契約に基づく債務を履行しない場合には相当の期間を定めて催告し、相当の期間内に履行がないときは本契約を解除することができるものとする。
2　本契約が解除された場合には、解除者は相手方に対して発生した損害の賠償を請求することができるものとする。

第16条（秘密保持）
1　甲及び乙は、本件業務遂行のため相手方より提供を受けた技術上又は営業上その他業務上の情報のうち、相手方が特に秘密である旨書面で指定した情報（以下「秘密情報」という）を第三者に開示又は漏洩してはならないものとする。但し、次の各号のいずれか一つに該当する情報についてはこの限りではない。
①乙が甲より開示を受けた時点において、すでに公知となっているもの
②乙が甲より開示を受けた後、公表その他、甲乙による許可なしの開示以外の方法により公知となったもの
③乙が甲より開示を受けた時点において、乙が甲より開示を受ける前に乙が自ら知得し、または正当な権利を有する第三者より正当な手段により入手することにより、すでに乙の所有に属する情報で、かつ、そ

> 秘密保持条項により情報漏洩防止する。

のことを文書記録によって証明できる情報
④本契約当事者からいかなる意味における拘束も受けていない第三者によって乙に開示されている情報。ただし、かかる情報が当該第三者によって、直接的あるいは間接的であるかを問わず、甲から得られたものある場合を除く情報
⑤甲が乙に対して開示する権限を書面によって明示的に与えている情報。
⑥裁判所、監督官庁からの開示要求がある場合の情報
2　秘密情報の提供を受けた当事者は、当該秘密情報の管理に必要な措置を講ずるものとし、当該秘密情報を第三者に開示する場合は、事前に相手方からの書面による承諾を受けなければならないものとする。但し、法令の定めに基づき又は権限ある官公署から開示要求があった場合はこの限りでない。
3　本条の規定の効力は、本契約終了後も存続するものとする。

> 準拠法条項により紛争となった場合に備える。

第17条（準拠法）
　　本契約については、日本法に基づき解釈されるものとする。

> 管轄裁判所条項により紛争となった場合に備える。

第18条（管轄裁判所）
　　甲および乙は、本契約に関して紛争が生じた場合には、甲の住所地を管轄する裁判所を第一審の専属的合意管轄裁判所とすることに合意するものとする。

> 誠実協議条項により紛争リスクを回避する。

第19条（協議）
　　本契約に定めのない事項が生じたとき、または本契約各条項の解釈について疑義が生じたときは、甲乙は誠意をもって協議し、これを解決するものとする。

　以上、本契約の成立を証するため、本書2通を作成し、甲乙各記名押印のうえ、各1通を保有する。

平成●年●月●日

　　　　　　　　甲（住　所）　●●●
　　　　　　　　　（名　称）　株式会社●●●
　　　　　　　　　代表取締役　●●●　　　　印

　　　　　　　　乙（住　所）　●●●
　　　　　　　　　（名　称）　株式会社●●●
　　　　　　　　　代表取締役　●●●　　　　印

> 署名押印、記名押印、実印かどうかを確認する。

6-14 情報漏洩防止に関する契約の注意点

1 秘密保持契約と不正競争防止法

不正競争防止法では、「営業秘密侵害行為をした場合には、10年以下の懲役または1000万以下の罰金に処せられる。またはこれを併科される」と規定されています（不正競争防止法21条1項）。また、営業秘密を侵害された者は、侵害者に対して損害賠償請求（不正競争防止法4条）や、差止請求（不正競争防止法3条）や、信用回復措置請求（不正競争防止法14条）をすることもできます。

しかし、この法律の保護を受けるためには、不正競争防止法上に該当する「営業秘密」の要件をみたしていなければなりません。

2 不正競争防止法

不正競争防止法上では、営業秘密とは「秘密として管理されている生産方法、販売方法その他の事業活動に有用な技術上または営業上の情報であって、公然と知られていないものをいう」とされています。ですから、①秘密管理性、②有用性、③非公知性の3つの要件を充たさなければなりません。

企業間で取引をする際に、何らかの営業秘密を相手方当事者に渡した際に、もしこの秘密保持契約を締結していなければ、非公知性が喪失されることになります。また、相手方当事者が、受領した営業秘密を不正に利用したり、不正に他人に開示したり、不正に他人に譲渡したりしても、不正競争防止法上

の損害賠償を請求することができなくなってしまいます。したがって、現代のような情報社会においては、なんらかの取引をする際には、この秘密保持契約をともに締結することは、契約におけるリスクマネジメントの第一歩であると考えられています。

３　契約交渉過程の秘密保持契約

　秘密保持契約は本契約を締結する前の交渉にはいるときに、もし途中で交渉が決裂した場合に備えて当事者間で交わされます。

　また、本契約を締結するときには、本契約の条項の中に盛り込む場合もありますし、本契約とは別途秘密保持契約を交わす場合もあります。

　この秘密保持契約を締結する際には、①時間的範囲（秘密保持契約における秘密保持期間）、②物的範囲（秘密保持契約における秘密の定義）、②人的範囲（秘密保持契約における情報提供可能者の範囲）がどうなっているのかを必ず確認することが、秘密保持契約の条項を検討する際のリスクマネジメントとなります。

　とくに、物的範囲の例外規定に注意しましょう。なぜなら、秘密保持契約において、秘密の定義の例外に該当する情報は、仮に開示しても情報漏洩に該当しないからです。

6-15 秘密保持契約書

秘密保持契約書

株式会社●●●（以下「甲」という）と、株式会社●●●（以下「乙」という）とは、●●につき甲が乙に開示する甲の秘密事項の取り扱いに関し、次のとおり秘密保持契約を締結する。

第1条（秘密事項の定義）

本契約において秘密事項とは、甲の保有する甲の技術上、営業上その他甲の業務上の一切の知識および情報で、甲が乙に開示した時点において甲が秘密として取り扱っているものをいうものとする。ただし、次の各号に該当するものを除くものとする。

① 乙が甲より開示を受けた時点において、すでに公知となっている情報
② 乙が甲より開示を受けた後、公表その他、甲乙による許可なしの開示以外の方法により公知となった情報
③ 乙が甲より開示を受けた時点において、乙が甲より開示を受ける前に乙が自ら知得し、または正当な権利を有する第三者より正当な手段により入手することにより、すでに乙の所有に属する情報で、かつ、そのことを文書記録によって証明できる情報
④ 本契約当事者からいかなる意味における拘束も受けていない第三者によって乙に開示されている情報。ただし、かかる情報が当該第三者によって、直接的あるいは間接的であるかを問わず、甲から得られたものである場合を除く情報
⑤ 甲が乙に対して開示する権限を書面によって明示的に与えている情報。
⑥ 裁判所、監督官庁からの開示要求がある場合の情報

第2条（秘密保持義務）

乙は、秘密事項を厳に秘匿し、甲の事前の書面による承諾なく、これを第三者に開示もしくは漏洩してはならないものとする。ただし、裁判所、監督官庁の開示要求がある場合を除くものとする。

- 定義条項により何を当事者が秘密としているかを必ず確認することにより紛争リスクを回避

- 文書記録で証明できない場合は、主観的主張となるので必ず文書記録という条項を入れておく。

- 裁判所や監督官庁からの開示要求がある場合に開示してもかまわないという条項がないと、開示した場合に秘密保持義務違反となるので必ずこの条項を入れておく。

第3条（使用目的）
　　乙は、秘密事項を本件開発の目的のためにのみ使用し、その他の目的に使用してはならないものとする。

第4条（開示の範囲）
　1　乙は、秘密事項を、本件開発に従事し、かつ当該秘密事項を知る必要のある乙の役員または従業員に限り、必要な範囲内でのみ開示することができるものとする。
　2　乙は、当該役員または従業員の行為について全責任を負うものとし、かつ当該役員または従業員に対し、本契約上の乙の義務を遵守させなければならないものとする。
　3　乙は、前項にもとづき、乙の役員または従業員に対し秘密事項を開示しようとするときは、事前に当該役員または従業員の氏名および当該役員または従業員に開示する秘密事項の範囲を、書面で甲に通知するものとする。甲に通知した事項を変更する場合も同様とするものとする。

> 範囲条項により開示の範囲を超えた者に開示した場合には秘密保持義務違反となるので、必ず開示範囲を確認する。

第5条（複写）
　1　乙は、秘密事項が記載または記録されたすべての文書、図面その他の書類または電磁的、光学的記録媒体を、甲の事前の書面による承諾なく複写してはならないものとする。
　2　乙は、本件開発が完了したとき、または中止もしくは中断されたとき、あるいは甲の請求があったときは、ただちに秘密事項が記載または記録されたすべての文書、図面その他の書類もしくは電磁的または光学的記録媒体を、そのすべての写しとともに甲に引き渡さなければならないものとする。

> 社内回覧のためであってもコピーすることが禁止されているので注意する。

第6条（損害金）
　1　秘密事項が第三者の知るところとなった場合には、乙は甲に対し、金●●円を損害金として支払うものとするものとする。
　2　ただし、乙が本契約上の義務の履行につき懈怠のなかったことを証明したときはこの限りでないものとする。

> いつまでが秘密保持義務の期間を確認しておくことにより秘密保持リスクを考慮する。

第7条（有効期間）
　本契約は、本件開発が完了し、または中止もしくは中断された後といえども10年間は効力を有するものとする。

> 準拠法条項により万一紛争となったときに備える。

第8条（準拠法）
　本契約又は個別契約については、日本法に基づき解釈されるものとする。

> 管轄裁判所条項により紛争となったときに備える。

第9条（管轄裁判所）
　甲および乙は、本契約に関して紛争が生じた場合には、甲の住所地を管轄する裁判所を第一審の専属的合意管轄裁判所とすることに合意するものとする。

> 誠実協議条項により紛争のリスクをできるだけ回避する。

第10条（協議）
　本契約に定めのない事項が生じたとき、または本契約各条項の解釈について疑義が生じたときは、甲乙は誠意をもって協議し、これを解決するものとする。

　以上、本契約の成立を証するため、本書2通を作成し、甲乙各記名押印のうえ、各1通を保有する。

　平成●年●月●日

> 署名押印、記名押印、実印かどうか確認する。

甲（住　所）●●●
　（名　称）株式会社●●●
　代表取締役　●●●　　　印

乙（住　所）●●●
　（名　称）株式会社●●●
　代表取締役　●●●　　　印

【著者】
露木　美幸（つゆき　みゆき）

TYKC Compliance Consulting 代表。大学院在学中より企業の知的財産ライセンス契約、ソフトウェア開発委託契約、システム販売代理店契約などの知的財産関連契約コンサルティング業務を行う。また、知的財産マネジメントシステムおよび個人情報保護マネジメントシステムを中心として、中小企業のコンプライアンス経営を実現するため、コンプライアンスマネジメントシステム構築を手がける。近年は事業承継にもたずさわる。さらに、学生時代に英米契約法・ドイツ民法で身につけた語学力を生かし、法務関連文書の翻訳・通訳業務も多数行う。企業研修においては、知的財産法・契約法・内部統制・コンプライアンスを中心とした企業法務に関する研修を数多く担当し好評を博す。単著：知的財産一問一答（三和書籍2007）、知的財産管理技能検定3級入門テキスト（三和書籍2008）、知的財産管理技能検定3級学科問題集（三和書籍2008）、共著：基礎からの公法入門－地方自治法（敬文堂2008）、翻訳：「著作権の将来像」（ALAI 2005）等。著作権法学会所属。公認内部統制管理士。個人情報保護管理士。Japan Privacy Consultant Association 認定プライバシーコンサルタント（CPC）。大原法律専門学校講師。

お問い合わせ
tsuyuki@tykc.biz

コンプライアンス時代の**契約実務**
効果的なリスクマネジメントのために

2008年 8月 1日　第1版第1刷発行	著　者	露木　美幸
		© 2008. Miyuki Tsuyuki
	発行者	高橋　考
	発行所	三和書籍

〒112-0013　東京都文京区音羽2-2-2
TEL 03-5395-4630　FAX 03-5395-4632
sanwa@sanwa-co.com
http://www.sanwa-co.com/
印刷／製本　モリモト印刷株式会社

乱丁、落丁本はお取り替えいたします。価格はカバーに表示してあります。　　ISBN978-4-86251-043-3 C2032

三和書籍の好評図書
Sanwa co.,Ltd.

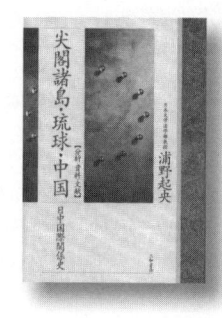

増補版　尖閣諸島・琉球・中国
【分析・資料・文献】

浦野起央 著
A5判　上製本　定価：10,000円＋税

●日本、中国、台湾が互いに領有権を争う尖閣諸島問題……。筆者は、尖閣諸島をめぐる国際関係史に着目し、各当事者の主張をめぐって比較検討してきた。本書は客観的立場で記述されており、特定のイデオロギー的な立場を代弁していない。当事者それぞれの立場を明確に理解できるように十分配慮した記述がとられている。

冷戦　国際連合　市民社会
――国連60年の成果と展望

浦野起央 著
A5判　上製本　定価：4,500円＋税

●国際連合はどのようにして作られてきたか。東西対立の冷戦世界においても、普遍的国際機関としてどんな成果を上げてきたか。そして21世紀への突入のなかで国際連合はアナンの指摘した視点と現実の取り組み、市民社会との関わりにおいてどう位置付けられているかの諸点を論じたものである。

地政学と国際戦略
新しい安全保障の枠組みに向けて

浦野起央 著
A5判　460頁 定価：4,500円＋税

●国際環境は21世紀に入り、大きく変わった。イデオロギーをめぐる東西対立の図式は解体され、イデオロギーの被いですべての国際政治事象が解釈される傾向は解消された。ここに、現下の国際政治関係を分析する手法として地政学が的確に重視される理由がある。地政学的視点に立脚した国際政治分析と国際戦略の構築こそ不可欠である。国際紛争の分析も1つの課題で、領土紛争と文化断層紛争の分析データ330件も収める。

三和書籍の好評図書
Sanwa co.,Ltd.

アメリカ〈帝国〉の失われた覇権
──原因を検証する 12 の論考──

杉田米行 編著
四六判　上製本　定価：3,500 円＋税

●アメリカ研究では一国主義的方法論が目立つ。だが、アメリカのユニークさ、もしくは普遍性を検証するには、アメリカを相対化するという視点も重要である。本書は１２の章から成り、学問分野を横断し、さまざまなバックグラウンドを持つ研究者が、このような共通の問題意識を掲げ、アメリカを相対化した論文集である。

アメリカ的価値観の揺らぎ
唯一の帝国は９・11 テロ後にどう変容したのか

杉田米行 編著
四六判　280 頁 定価：3,000 円＋税

●現在のアメリカはある意味で、これまでの常識を非常識とし、従来の非常識を常識と捉えているといえるのかもしれない。本書では、これらのアメリカの価値観の再検討を共通の問題意識とし、学問分野を横断した形で、アメリカ社会の多面的側面を分析した（本書「まえがき」より）。

アジア太平洋戦争の意義
日米関係の基盤はいかにして成り立ったか

杉田米行 編著
四六判　280 頁 定価：3,500 円＋税

●本書は、20 世紀の日米関係という比較的長期スパンにおいて、「アジア太平洋戦争の意義」という共通テーマのもと、現代日米関係の連続性と非連続性を検討したものである。
現在の平和国家日本のベースとなった安全保障・憲法９条・社会保障体制など日米関係の基盤を再検討する！

三和書籍の好評図書
Sanwa co.,Ltd.

【図解】
特許用語事典

溝邊大介 著
B6判 188頁 並製 定価：2,500円＋税

特許や実用新案の出願に必要な明細書等に用いられる技術用語や特許申請に特有の専門用語など、特許関連の基礎知識を分類し、収録。図解やトピック別で、見やすく、やさしく解説した事典。

ビジネスの新常識
知財紛争 トラブル100選

IPトレーディング・ジャパン（株）取締役社長
早稲田大学 知的財産戦略研究所 客員教授　梅原潤一 編著
A5判 256頁 並製 定価：2,400円＋税

イラストで問題点を瞬時に把握でき、「学習のポイント」や「実務上の留意点」で、理解を高めることができる。知的財産関連試験やビジネスにすぐ活用できる一冊。

ココがでる！
知的財産キーワード200

知財実務総合研究会 著
B6判 136頁 並製 定価：1,300円＋税

知的財産を学ぶ上で大切な専門用語を200に厳選！
ビジネスシーンやプライベートでも活用しやすい、コンパクト・サイズで知的財産をやさしく解説。

ココがでる！
知的財産一問一答

露木美幸 著
B6判 168頁 並製 定価：1,500円＋税

出題頻度の高い重要事項を網羅。『[完全図解]知的財産管理技能検定2級3級テキスト』（三和書籍）および問題集と並行してご使用いただくとより効果的。試験の直前対策として、知識の整理に役立つ一冊。